高校创新创业教育协同机制研究

裴小倩　严运楼　著

上海交通大学出版社
SHANGHAI JIAO TONG UNIVERSITY PRESS

内容提要

  本书对高校创新创业教育协同机制的实现过程展开研究,在创新创业教育相关文献梳理的基础上,探讨高校创新创业教育内涵、关系和相关理论,结合我国国情,借鉴国外经验,提出构建中国特色高校创新创业教育协同机制的对策建议。

  本书可供高校教育工作和创新创业教育主管部门的管理者阅读,也可供相关专业学者和学生阅读参考。

图书在版编目(C I P)数据

高校创新创业教育协同机制研究 / 裴小倩,严运楼著. —上海：
上海交通大学出版社,2018
ISBN 978-7-313-19704-7

Ⅰ.①高…　Ⅱ.①裴…②严…　Ⅲ.①高等学校-创造教育-
研究-中国　Ⅳ.①G640

中国版本图书馆 CIP 数据核字(2018) 第 153653 号

高校创新创业教育协同机制研究

··

著　　者：裴小倩　严运楼
出版发行：上海交通大学出版社　　　　　　　　地　　址：上海市番禺路 951 号
邮政编码：200030　　　　　　　　　　　　　　电　　话：021-64071208
出 版 人：谈　毅
印　　刷：苏州市越洋印刷有限公司　　　　　　经　　销：全国新华书店
开　　本：710mm×1000mm　1/16　　　　　　印　　张：10.5
字　　数：164 千字
版　　次：2018 年 8 月第 1 版　　　　　　　　印　　次：2018 年 8 月第 1 次印刷
书　　号：ISBN 978-7-313-19704-7/G
定　　价：49.00 元

前　言

Preface

　　"大众创业，万众创新"赋予高校创新创业教育新的内涵，提出了更高要求。作为创新创业教育的主要载体，高等学校不仅要承担着素质教育的责任，更具有为社会培养、输送大量创新创业型人才的重要使命。"创新是民族进步的灵魂，是一个国家兴旺发达的不竭源泉，创新是引领发展的第一动力，鼓励创业带动就业，广大青年一定要勇于创新创造……"高等教育全面实施素质教育，着力提高教育质量，培养学生的创新精神、实践能力和社会责任感，就必须深化创新创业教育改革。

　　创新创业教育的开展往往涉及跨专业、跨学院以及跨领域的深入合作，涉及校内外资源的充分整合，需要所有各方人力、资源、资本等要素的充分合作，因此，创新创业教育远比专业教育更为综合和复杂，构建高校创新创业教育协同机制势在必行。但在实践中，由于观念、资源、政策体制等各种因素的影响，创新创业教育并未获得如专业教育一样的发展机会，更没有形成校内外之间以及校内部门之间的有效合作机制。这就需要创新创业教育理论和实践研究，厘清高校创新创业教育内涵、关系和基础理论，研究国内高校创新创业教育发展现状并积极借鉴发达国家高校创新创业教育经验，创新和完善我国高校创新创业教育协同机制。

　　全书由课题研究团队合作，感谢研究团队的辛勤付出！本书还参考和借鉴了部分学者前期研究成果，在此深表感谢！对于本书内容可能存在的不足和瑕疵，恳请同行不吝指教。

作　者

2018 年 3 月 10 日

目　录
Contents

第 1 章

导　论

1.1　背景意义

1.1.1　背景

改革开放以来我国高等教育的发展日新月异,尤其是进入 21 世纪,高等院校的改革更是令人瞩目。目前我国高校教育正式进入飞速发展的阶段,不仅为社会培养了大量人才,而且在自主创新、科学研究等方面也取得了突破性的进展,为建设创新型国家提供了有力的人才支撑和知识贡献。随着中国特色社会主义进入新的时期,我国高等教育的发展也要顺应时代潮流,大力加快对创新创业人才的培养,这就需要政府和企业对创新创业教育的发展提供更多的支持,政府、企业和高校三者之间相互合作,共同促进我国创新创业教育事业的发展。

"大众创业,万众创新"理念的提出给高校创新创业教育增加了新的内涵,并赋予高等院校为社会培养、输送大量创新创业型人才的重要使命。党中央指出,"教育领域综合改革要进一步加强,同时着力提高教育质量,全面实施素质教育,培养学生的创新精神、实践能力和社会责任感",同时强调"创新是民族进步的灵魂,是一个国家兴旺发达的不竭源泉,创新是引领发展的第一动力,鼓励创业带动就业,广大青年一定要勇于创新创造……"

20 世纪 90 年代末期,我国高校的创新创业教育开始兴起,进入 21 世纪,创新创业教育理念伴随着政府"互联网 ＋"行动计划,逐渐融入高等教育体系并不断发展。2010 年,教育部发布的《关于大力推进高等学校创新创业教育和大学生自主创业工作的意见》明确指出,高校要加强对全体学生的创新创业教育,把创新创业教育融入人才培养全过程,这是有关我国教育的官方文件首次提及"创新创业教育"的概念。随着高等教育由精英化到大众化的转变,教育体制也在不断地进行改革和深化,目前我国高等院校逐渐形成包括校企协同培养在内的多种人才培养模式。根据国外高等教育的经验可以发现,校企协同培养人才已经成为世界各国尤其是经济发达国家的教育改革与发展的一个主要趋势,并成为教育与产业经济相结合、培养应用型人才的有效途径。为了改善高校毕业生在校学习的理论与工作实践脱节的教育现状,改革开放以来,我国高等学校的校企协同人才培养模式已经形成多种模式、多种平台共同发展的态势。作为培养应用型、高素质、复合型的高级专门人才的主要路径,校企协同的人才培养模式已成为理论研究以及教育改革的热点,目前我国部分高校已经在一定程度上开展了校企协同的人才培养模式。自教育部 2002 年开始对创新创业教育进行探索以来,确定了 9 所高校作为创新创业教育的试点,到目前为止创新创业教育在我国已有十余年的发展历程,其间有些高校取得了相应的成果,但大多数高校在培养校企协同人才的过程中仍存在许多问题,比如相关师资力量薄弱以及教育方式方法单一、与专业教育融合不足、发展理念滞后等,很多高等院校并没有意识到构建长效稳定的校企协同创新创业人才培养体系的重要性,导致了高校创新创业教育的发展缓慢。为此,国务院办公厅于下发了《关于深化高等学校创新创业教育改革的实施意见》(国办发[2015]36 号),文件认为,高校创新创业教育不仅仅是高等教育大众化阶段提高人才培养质量、创新就业渠道的重要举措,同时也是国家创新驱动发展层面的战略问题。因此,高校创新创业教育问题成为全社会聚焦的热点问题,得到了越来越多的专家学者的关注和研究。

1.1.2　意义

培养有能力、高素质的专业型人才,这是高等教育改革的目标,也是对现有高等教育的补充和延伸。但在实践中,由于体制观念、政策资源等各种因素的影响,创新创业教育获得的发展机会并不多,比如,创新创业教育的开展往往涉及不同专业、学院以及领域的交流与合作,需要人力、资本、资源等各种要素共同发挥作用。因此,与专业教育相比,创新创业教育更为综合和复杂。社会分工日益精细化的今天,人们更应认识到分工协作、学科交叉的重要性,只有建立一套高效的协调机制,才能实现创新创业教育的培养目标。

首先,加强创新创业教育是当前经济社会发展的必然要求。新时代呼唤创业者,需要创新创业人才,只有通过一批又一批创业者的不断努力,才能使经济朝着健康的方向发展。作为高素质人才培养的基地,高校要进一步加强大学生创新创业素质培育体系的构建,努力培养出具有创新创业能力和素质的人才。

其次,加强大学生创新创业素质培育是构建和谐社会的迫切需要。党中央强调要"加快创新型国家建设,鼓励以创业带动就业,并提供全方位的公共就业服务,促进高校毕业生等青年群体多渠道就业创业"。国家和政府营造了良好的创新创业环境,但是大众创业的积极性和能力并没有得到显著提高。根据调查显示,欧美高校应届毕业生的创业比率高达 30% ～ 40%,而我国高校应届毕业生创业比率还不到 2%,两者差异显著;同时,我国大学毕业生创业的成功率也很低。当代大学生创业的现状与机遇并不匹配,因此必须加强对高校对大学生进行创业素质培养,这也有利于大缓解就业压力,构建以人为本的和谐社会的目标。

第三,加强大学生创新创业素质培育是高校培养学生成长成才的内在要求。近年来,随着高校招生规模的持续扩大,高校毕业生数量也在逐年增长,就业压力日益严峻,大学生的就业情况也成为社会关注的热点问题。目前,我国高等教育的主要课题就是培养既能竞争"求职",又能创造新的就业岗位的创业人才。高校创新创业教育的实施有利于大学生成功创业,联合国教科文组织曾经提出,学生的创业能力"学习的第三本护照",因此对于高校来说,应将创新创业教育摆在与学术性教育同等重要的地位,这也是高校培养社会所需要的人才的内在要求。

第四,创新创业教育是推动高校教育转型升级的需要。《国家中长期教育改革和发展规划纲要(2010—2020)》中明确指出,提高人才培养的质量,培养高素质现代化人才是高等教育在未来十年的核心任务。但目前,从资源整合的角度看,高等教育并没有充分发挥内外部资源的效益,也导致了高校人才培养的质量难以得到显著的提升。因此,为了进一步整合校内外资源、解放思想,使高等教育取得突破性的发展,有必要引入协同创新理念。在这一背景下,为了给高校教育进一步发展提供新的历史契机,2012 年教育部、财政部共同发布了《高等学校创新能力提升计划》(简称 2011 计划),为高校协同创新的体制机制改革指明了方向。在高等教育领域中,创新创业教育作为高等教育的重要组成部分是素质教育的进一步发展和深化,也体现了高等教育人才培养的成果。对高校创新创业教育协同机制以及构建模式的研究,有利于进一步把握创新创业教育的科学内涵,实现高校创新创业教育新的突破。

第五,创新创业教育是整合教育资源的需要。通过对系统内各类资源的有效整合可以更好地实现系统效益的最大化。对于创新创业教育来说,为了实现高校和社会的互利共赢,需要引入协同创新范式,这不仅有利于整合校内外各级资源,更能将高校创新创业思想和理念及时转化为现实成果和社会商品。德国著名科学家赫尔曼·哈肯也在《协同学》一书中以经济的平衡状态为例对合作的重要性进行了说明,他说:"亚当·斯密假设:在自由竞争过程中,总会建立一种一般被认为唯一的平衡状态。然而我们已经发现有两个可能的平衡状态的相反的例子,并且只有通过共同的行动才有可能使总的经济形势从一种平衡状态跃向另一种。"由此可以看出,"共同的行动"有助于高校创新创业教育中各种要素功能的充分发挥,并保证一种良性互动的"平衡状态",进而使得教育取得更大的发展。

第六,加强创新创业是实现高校教育培养目标的需要。根据我国《高等教育法》中的规定:"培养具有实践能力和创新精神的高级专门人才,发展科学技术文化,促进社会主义现代化建设是高等教育的主要任务。"这也正是我国《高等教育法》显著特点的体现,同时这也与创新创业教育所要实现培养具有技术开拓、团队协作以及创新素质的人才的目标是高度一致的。创业是创新的载体,创新是创业的基础,二者密不可分,在信息化和全球化趋势下开展创新创业教育是适应时代发展的有效途径和必然选择。作为一种适应知识经济时代发展的教育模式,创新创业教育是以培养具有创新创业意识、思维、人格和能力以及适合新时代发展的高素质人才为目标,在学校、政府、企业和社会等多渠道引导下,帮助大学生形成创新思维、树立创新意识、激发创业精神、提高创新创业能力、掌握创业知识的一种新型教育理念和模式。当前我国高校正大力开展创新创业教育,这同时也是我国大学发展转型,提升高等教育整体实力的一次挑战与考验。作为开展创新创业教育的直接主体,高校在探索创新创业教育的体系建设时,必须有效整合高校、政府、企业和社会组织力量的立体的教育体系,同时创新学校内部管理机制和育人模式。由此可见,培养高素质的创新创业人才,需要根据社会及经济发展的实际需求,不断激发学生创业热情,完善创业教育体系。

1.2　研究综述

1.2.1　创新创业教育的研究综述

1)创新教育的研究综述

(1)国外创新教育的研究

美籍奥地利经济学家约瑟夫·熊彼特在 1912 年提出创新(innovation)的概念,认为可以把创新看作是企业家为了提升生产要素组合的效率而建立的一组"新的生产函数",强调在知识经济社会中培养创新意识、创新能力、创新精神的重要性,但是其仅仅把企业家看成是创新主体,显然这个定义过于狭隘。因此在熊彼特的基础上经济学家弗里曼在 1987 年提出了"国家创新系统理论",并把区域体系、产业体系纳入"国家创新系统理论"中。因此在《创新聚焦——产业创新手册》一书中,Roy Rothwell 和 Mark Dodgson 将创新理论的发展划分为三个阶段。

第一个阶段,以约瑟夫·熊彼特为代表,提出了企业与企业家的交互式创新,希望通过建立"企业家创新模型"来优化"生产函数"。

第二个阶段,以埃里克·冯希普尔为代表,将企业与企业家的交互式创新扩大到了企业以及企业与用户的范围,这个时期的研究者关注到了企业与合作企业、竞争企业、供应商以及用户之间的信息交流对创新的影响,并将"领先用户"看作是产品创新的重要源泉。

第三个阶段,以弗里曼为代表,首次提出了国家创新系统,并结合经济增长理论从系统角度来研究创新问题,随着社会经济发展对大学的功能与内涵随着社会经济的发展不断深化,大学的使命也在不断演化变迁,由此可以看出产学协同创新理论起源与发展主要依托于两条主线:一个是创新系统理论的不断深化,另一个是大学使命的演化发展。

根据以上分析可以发现,国家创新系统(National Innovation System)关注创新系统中的不同组织之间的交互作用,因此可以将其视为大学与产业协同创新理论研究的开端,之后国家创新系统又演化出了区域创新系统以及产业创新系统。

第一,国家创新系统与产学协同创新研究。国家创新系统理论提出后,国外的许多学者开始从系统角度出发来研究创新问题,在弗里曼的基础上Lundvall、Richard Nelson 等进一步对国家创新系统理论开展了相关研究,Lundvall 从知识经济发展的角度,构建了基于知识流动的国家创新系统结构,Richard Nelson 认为国家创新系统通过制度的设计和安排,来影响系统中的不同主体之间的相互作用,并决定该系统的运行效率。

第二,区域创新系统与产学协同创新研究。英国卡迪夫大学的库克(Cook)在国家创新系统理论的基础上结合区域经济学于 1994 年首先提出了区域创新体系(Regional Innovation System)的概念,他将区域创新体系定义大学、企业、科研机构在一定地理空间上相互分工与协作的组织体系,可以通过这些组织间系统性的学习、交互的作用来提高区域创新能力。随后国外学者阿希姆(Asheim)、魏格(Wiig)、卡西奥拉托(Cassiolato)等从不同角度也对该理论进行了论述。

区域创新体系研究的兴起,源于国外学者对美国硅谷与波士顿公路两个区域创新优势的比较研究,在该阶段最著名的产学协同创新理论研究当属 1995 年 Loet Leydesdorff、Henry Etzkowitz 两人所著的《大学和全球知识经济:大学—产业—政府关系的三螺旋》,在三螺旋模型中,企业、大学和政府作为创新主体,在不同的时空对创新的推动能力有强有弱。由于区域创新系统有特定的地理边界,因此国外学者对该问题探究多是以实证比较的研究来进行的,这也成为当时非常流行的研究范式,比如通过对西班牙的巴塞罗那、瑞典的斯德哥尔摩等区域创新系统的研究,探讨不同创新主体之间的关系以及影响区域发展潜力的因素,同时国外的学者也开始对不同城市的区域系统进行以及公共科研机构对企业创新活动的影响的角度出发,进行实证研究。如通过对北欧 13 个区域中小企业集群和创新系统的比较研究,聚焦于研究如何通过区域创新政策来提升中小企业的创新能力,以及如何通过产学协同的政策来提升区域创新能力,并制定了相应的评价指标和政策分析框架。

第三,产业创新系统与产学协同创新研究。20 世纪 90 年代,Breschi 和 Malerba 结合学习理论和演化理论在国家创新系统理论基础上,提出产业创新系统(Sector Innovation System)的概念,认为产业创新体系是由知识与技术、参与行为者与网络、制度三个模块组成。产业创新系统的提出,衍化出了"产学技术联盟"的概念,进一步推动了产学协同创新理论研究的发展,同时通过对技术联盟的构建与运作机制的研究,国外学者还提出了学科与产业协同发展的开放合作模式,并论证了产学技术联盟合作的创新系统对提升技术创新能力和发展产业共性技术具有非常重要的作用。

(2) 国内创新教育的研究

国内高校对创新教育也做了许多有益的探索,从 20 世纪 80 年代初强调对大学生能力的培养到 90 年代初加强素质教育,再到 21 世纪在素质教育基础上加快创新教育的改革,在创新教育不断地改革探索与实践中,短短 20 年间我国对创新教育的研究有了丰富的成果,主要包括以下几个方面:

第一,对创新教育定位的研究。张立昌教授(2003)认为,通过发挥教育的主导作用以及环境要素和遗传基因的积极影响,创新教育在调动学生的主观能动性的同时,注重学生的主体创新意识、精神、人格、技能的开发培育,以使学生满足未来社会发展的需要;阎立钦教授(2004)认为创新教育作为素质教育的重要组成部分,它以发挥学生创新潜能、弘扬学生的主体精神、促进其个性和谐发展为宗旨,以研究和解决培养学生创新精神、创新意识和创新能力的问题为核心,并在基础教育阶段以培养人的创新能力和精神为基本价值取向的教育实践,也是在对传统教育进行扬弃的基础上,来探索和构建一种新的教育理论和模式。

第二,对创新教育的内容与目标的研究。国内的学者对于创新教育的内容与目标的研究较多,杨树兵、朱永新教授(1999)强调,创新教育是以创新原理为依据,通过对学生的创新能力、创新意识、创新思维和个性的培养,使学生在掌握科学知识同时,促进其创新能力的教育方法和理论;叶平教授(1999)认为,全面推进素质教育要以推进创新教育改革为切入口,高校要把教学方法、模式、内容和思想作为创新教育改革重心,把培养学生的创新意识、创造能力和探索精神作为创新教育改革核心,把培养学生创新精神作为首要目标,高校全体师生都应该共同参与到创新教育改革的实验活动中;朱进国(2003)认为大学教育的重点是加强对学生的素质教育,并力图构建一种以相互讨论、引导评价、指导自学、培养兴趣和进行研究为特征的创新教育模式;金德智、杨建明等人(2009)指出大学创新教育要以提高生命品质为目标,鼓励学生独立思考,培养其理性思维能力和"善良、真诚和宽容"的品质,而培养的关键在于让学生学习形式逻辑,即研究逻辑思维的形式(概念、推理、判断、论证等)及其基本规律,以及认识事物的理性思维方法;陈琳等人(2009)认为创新教育的最终目标是对学生创新思维、创新精神、创新意识、创造能力和人格的培养,并指出此目标的实现不能仅凭人为建设和外延发展,必须依赖于以创新为主导的高校共同的价值取向,这种价值取向的形成则有赖于将以创新为核心的价值观念、学术氛围、行为规范等要素内化为全体师生的共同遵守的道德规范,让他们主动地探索创新创业领域,从而推动创新创业发展。

第三,对于创新教育实施途径与方法的研究。姜敏、吴慧芳等人(2005)通过对"中国特色自主创新"问题的讨论,认为创新教育是我国高校面临的重要任务之一,同时也指出了高校创新教育的实施方法与途径,认为目前高校需转变教育观念,改革相应的课程结构,积极推动创新课程和教学体系的建立,同时加强学生的创新意识和创造能力的培养,论述了在高校创新教育中,要重视校园文化环境的建设和大学教师的作用;蒋雪湘、张德若(2007)在分析创新能力内涵的基础上,结合耗散结构理论,构建了包括创新教育原则、目标和途径在内的高等院校创新教育体系,在加强创新型教师队伍建设的同时,更加注重学生个性发展,营造良好的创新创业氛围。

2）创业教育的研究综述

（1）国外创业教育的研究

1989 年"面向 21 世纪教育国际研讨会"创业教育(Entrepreneur-ship Education)被正式提出,并被联合国教科文组织称其为教育的"第三本护照"。国外对于创业教育的研究多集中在创业教育的内容、创业教育的方法以及创业教育评估。

第一,对创业教育内容的研究。凯茨(Katz,1996)在《创业教育中的学术资源》中指出,学术创业计划、基于文本的创业教学资源、基于网络的创业教学资源、创业研究资源是支持和引导创业教学四种主要的资源;1997 年美国学者哈里森(Harrison)在《创业与领导能力:教育及发展的启示》一文中对企业组织的性质及其变化进行了探讨,这为创业教育的主要包含的内容和角色的定位奠定了基础；肯特（Kent 2004）在《社会资本、公益创业与创业教育》中提出创业教育技能培养的内容应该包括人际交往能力、团队精神、社会意识等，并将公益创业、社会资本等纳入各个层面的创业教育课程之中；奥齐斯（Ochs，2006）《创业教育与高端项目相结合的综合模式》一文中指出"想象力、创造力、创新力、发明和冒险是 21 世纪工程师及技术创业人群职业发展的顺序"。通过这一发展顺序来培养商学院和工程学院学生一系列能力，使他们能在经济全球化及不断变化的金融和技术背景下参与并赢得竞争；在《用情感教育创业学生并从失败中学习》一文中，谢泼德（Shepherd，2006）提出了将商业失败列为创业教育课程内容。

第二，对创业教育方法研究。国外对于如何进行创业教育的研究也十分丰富，美国小企业管理局分别于 1979、1982、1986、1992 年对美国四年制大学学院及两年制社区学院的创业教学方法进行了调研，相关的学者也对此进行了研究。所罗门（G.T.Solomon，1994）在《小企业管理与创业教学的历史考察》一文基于这些调研提出了在目前包括讲座、书面案例与现实案例相结合、角色扮演、计算机模拟等在内的体验教学和评价教学是创业教育领域中使用越来越多的教学方法；侯尼格（Honig，2004）在《创业教育基于权变的商务计划模式》中介绍了创业教学的权变方法、创业教育的体验模式、创业教育的体验方法以及商务教育的传统观点等，并提出创业教育应围绕现实性问题以及创新性思维等主题；雷伊（Rae，2004）在《创业学习研究中对生活故事的运用概念模式的发展及其在学习经验设计中的意义》中提出在教学中可以通过实际的生活故事帮助学生了解创业，这样有利于学生将经验转化为知识的概念模式；法约勒（Fayolle，2006）通过对教育和创业两方面文献的研究，在《从工艺到科学创业教育中的教学模式与学习过程》一文中提出创业教育为创业和教育科学之间架起了一座桥梁；恩威克（Envick，2006）在《21 世纪创业教育模式克服传统的学习障碍》中向创业学科的学者介绍 21 世纪跨学科创业教育实施模式。

第三，对创业教育评估研究。随着社会的不断发展进步，人们对高等教育的价值也越来越重视，对于创业教育更是如此。所以，对创业教育进行了评估研究开始进入国外学者的视野。劳堪能（Laukkanen，2000）的《探索高层次创业教育非传统途径创造内生区域增长的微型机构》一文认为政府当权者、政策制订者、区域发展商等都是创业教育计划评估的利益相关者；布洛克(Block,2000)为了评估创业教育的有效性,从历史的视角研究创业教育提出了相应的等级制标准,并在《创业教育研究经验与挑战》一文中者提出"教育学生选择创业"和"激励新企业取得成功"是评估创业教育有效性的两种主要手段;查理(Charney,2003)通过对亚利桑那大学厄那商务与公共管理学院511位校友的调查资料进行分析,并在《创业教育的贡献伯格计划分析》一文研究了创业教育计划的边际效应,例如雇佣类型、年收入、工作满意度等变量是否会受到创业的影响以及影响的程度。结果显示,在自我雇佣的倾向、新企业的形成以及在风险承担等方面创业教育都有显著的影响,不管是企业还是毕业生自己,接受创业培训对双方都有很大的好处。并且,创业教育还推动了基于技术的公司和产品的发展以及技术从大学向私有部门的转移。普雷托勒斯(Pretorius,2010)描述两个截然不同的创业教育模式,对两个模式进行比较研究后指出,现在创业发展被看作促进经济增长与发展、催生新兴企业的核心因素,高校教育模式的创造与发展对创业者的培养具有很大的帮助,因此,一个良好的创业教育模式对于大学创业教育的发展至关重要,同时通过对每个模式的结构进行深入的定性分析,普雷托勒斯评价了每个模式的局限性及其优势,然后对两种教育模式进行整合,优势互补。

(2)国内创业教育的研究

1999年1月公布的《面向世纪教育振兴行动计划》是我国创业教育理念的开端,在此之后创业教育开始引起社会各界越来越多的关注。国内对于创业教育的研究主要集中于以下几个方面:

第一,对创业教育的内涵目的和功能的研究。对于创业的内涵,国内的学者有丰富的研究。合肥工业大学任小明(2002)认为,创业指一无所有的创业者为了取得风险投资并将其转化为商品,将某项具有市场前景的新设计、新技术或想法向风险投资家游说的商业性行为;辽宁师范大学的张桂春、张琳琳(2004)将国内的创业看法归纳如下:一是指"非工资就业",即依靠个人创作、劳动、经营、服务获得职业收入;二是指事业或职业发展过程中的某一阶段;三是指在工作事业中做出前所未有的业绩,或开创一种前所未有工作;另一方面对创业教育的目的和功能学者们也提出了许多不同的见解,上海市教育科学研究院房欲飞(2004)认为,大学生创业精神、创业意识和创业能力的培养依赖于高校教学内容、教学方法、课程体系的改革以及第二课堂活动的开展,将创业精神内化成大学生自身的素质,只有这样才能涌现出更多的创业人才;而镇江市教科所的毛建国(2005)则把重点放在创业教育的功能方面,认为创业教育是一种运用教育技术,把各种教育资源进行优化整合,并结合人才学、教育学、社会学等有关学科理论,发挥家庭、学校、企业、社会教育的作用,帮助学生培养创新精神和创业能力的教育方式,另一方面创业教育能使新增劳动力从单一型向复合型、从从业型向创业型、从操作型向智能型等方向进行转换,因此创业教育对未来人才素质适应新世纪的要求,迎接新世纪的挑战具有重要意义。

第二,对开展创业教育必要性的研究。随着改革开放的发展,越来越多的人开始选择自己创业,因此开展创业教育已成为高校面临的重要课题,国内的许多文章也都在呼吁我国大力开展和推进创业教育。合肥工业大学汪宜丹(2002)通过对创业教育的内涵和意义的分析,指出高校需要打破传统教育观念大力开展创业教育,加强对创业教育模式的研究,同时重点对研究生的教育进行研究,为高校的创业教育提出了相应的建议;江西师范大学张平(2002)指出,加强创业教育是今后我国高等教育改革的方向,并以创业教育为基础,建立知识、能力、精神三位一体的综合素质培养模式;清华大学的张健(2003)等梳理了美国创业学术研究的发展历程,同时也展望了未来我国的创业学术研究的发展趋势;中南大学的向东春、肖云龙(2003)为号召我国高校积极重视创业教育,将美国百森商学院的创业教育发展历程以及背景进行详细的介绍,使我国对其教学过程、课程设计、创业教育理念有了更深的了解;北京航空航天大学的牛泽民、熊飞(2003)认为开展创业教育能够促进就业,有利于促进社会经济的发展;天津工业大学陈茉(2006)认为,国外的创业教育经历了具有功利性教育特征的以创业知识传授为主要内容的"发轫期"、增加综合能力实践性教学的"发展期"和注重培养开拓精神和事业心"成熟期";同时高建、张帏(2006)总结了斯坦福大学开放的网络式创业教育层次特点及其结构,并介绍斯坦福大学开展创业教育的发展历程、相关的课程体系以及非课程的互动式教育手段。

第三,对创业教育的内容、途径、目的和教学评价的探讨。南京师范大学的谢树平(2003)认为,创业教育要具有开放性、实践性、综合性,同时创业知识、创业能力、创业品质、和创业意识四个方面构成了创业教育课程体系的主要内容,其结构应当由渗透于各门学科文化专业课程、基础课程和相对独立的带有综合性的实体课程以及相关教育活动中的分科性非实体课程构成,主要包括以掌握直接经验的创业型活动课程和间接经验的创业教育学科理论课程;南京财经大学陶金国(2003)提出创业教育的途径主要包括案例教学课程及实践环节,以课程教学为载体来实施,培养大学生的创业精神和创业意识,提高其创新创业能力,同时为了培养大学生良好的创业心理品质,应该让大学生在创业之初就清楚了解创业过程中的风险,做好充分的准备;南通工学院郭必裕(2003)认为,构建大学生创业评价体系要遵循实践性、主体性和创新性等原则;南昌大学徐亮、黄耀华(2003)倡导探究式教学、开放式教学和个性化教学,并提出创业教育的课程要国际化、综合化、实践化,考核内容要能力化,考核结果分析要反馈化,考核方式要多样化。

第四,对创业教育实践体系的研究。目前国内对于创业教育实践体系的研究深度不足,系统化、专题化的研究以及体系化的构建成果不太丰富。其中比较完整的研究是哈尔滨工程大学王永友,他(2004)提出了我国开展创业教育实践的内容体系、目标体系、过程体系和专家体系的基本框架,并指出,内容体系包括:理论教育、实践教育、实务教育;目标体系包括:丰富创业知识、培养创业精神、提高创业能力、健全创业心理;过程体系包括:基础过程——课堂教学、重点环节——活动开展、实践过程——模拟创业、提高过程——混合讨论、延伸过程——案例研究;专家体系包括:理论专家、技术专家、企业家、风险投资家、孵化管理者和政府人员。沈阳药科大学的李守强、盛春辉(2006)认为,明确创业教育的课程内容和目标、正确认识创业教育在高等教育中的定位,选择科学的创新创业教育方法以及建立科学合理的创业教育评价机制是构建高等院校创业教育体系的关键。

3) 创新创业教育的研究综述

由于创新教育和创业教育在理念和教育内容上相辅相成以及在人才培养目标上高度一致,因此在现有的大量相关文献中,渐渐地把创新教育和创业教育融合在一起讨论,国内外学者从不同角度对二者之间的联系、差异及其本质上的渗透与融合进行了研究,并对高校创新创业教育的含义进行了分析和界定,狭义的创新创业教育仅指"通过开设课程、提供咨询、资助资金等方式,培养学生创业技能,使学生具备创业的能力",广义的创新创业教育是指"以培育在校学生的创业精神、创业意识以及创新创业能力为目的,以培养具有开创型个性和创业基本素质的人才为目标的教育"。

对于创新和创业这一对密切相关的词汇,比较系统的研究始于 20 世纪 30 年代熊彼特对创新创业理论的探讨。熊彼特认为,创业是创业者通过努力,对现实拥有的资源进行优化整合和创新,从而创造出更大的经济效益和社会效益的过程,创业活动是创造竞争性经济体系的重要力量,企业家的职能之一是实现创新,创业的过程就是创新的过程,创业者就是创新者。创新与创业密不可分,创新来源于创业,并且应该成为评判创业的标准;彼得·德鲁克在对美国社会创业现象研究的基础上,在其《创新和创业精神》一书中,通过大量企业案例的分析,分别从创业型策略、创业实践、创新实践等方面探讨了创新与创业的内涵、关系及其发展现状等方面。

美国开展创新创业教育的历史悠久,哈佛大学早在 1947 年就开展对学生的创新创业教育,1949 年斯坦福大学也开始了创新创业教育,声称自己"集中于创业教育"的百森商学院也于 1967 年设立了创业课程。在美国,大学生创新创业教育对社会经济的发展起到了重要的推动作用,因此美国已将涵盖了从小学到研究生的创业教育纳入国民教育的体系,同时其高校已普遍开设了创新创业教育课程,许多高校还设有创业类本科和研究生专业,同时还能培养从事创业教育教学和研究的博士生。

德国政府提出了"要使高校成为创业者熔炉"的口号,并积极研究和推广在非经济管理类专业的创新创业教育新模式;英国政府为了培养大学生的可迁移性创业能力,鼓励学生自主学习,在 1987 年发起了"高等教育创业"计划,并在此后出台了一系列的政策,对高校的创新创业人才培养给予引导和支持;日本的高校也越来越重视学生的创新创业教育,目前在日本的 756 所各类四年制大学中,已有 247 所各种不同类型的高校实施了不同形式和程度的创业教育;印度政府为了解决大学生就业问题,促进高校创新创业教育的发展,在 1996 年提出了自我就业教育的概念,鼓励高校毕业生自主创业。目前,虽然国外学术界对于创新创业教育的研究还只是局限于对企业活动周期的探究,并没有把其独立出来成为一个新的学科体系,但有关创新创业教育的研究依然取得很大成效,并逐步进入成熟阶段,现阶段创新创业的研究已经深入定量层面,创新创业教育的理念已开始普及,高校培育了一批批创新创业人才,并相继取得了显著的创新创业效果,系统化的创新创业教育实践体系也在逐步形成。

第一届创业计划大赛 1999 年在清华大学成功举办,标志着我国创新创业教育研究的开始,综观我国现有的创新创业教育研究成果,主要包括明确创新创业教育与素质教育的关系、创新创业教育质量以及创新创业教育的困境等方面的研究:

(1) 对素质教育与创新创业教育的关系的研究

研究者们大都认为创业教育是大学创新教育、素质教育的具体化及其深化,并且普遍强调创业教育是对受教育者独立精神、综合素质和个性的培养。中国科技大学的李德才、曹威麟(2002)认为,素质教育是针对传统教育中过重的功利倾向,过弱的人文关怀,过窄的专业教育等问题提出的,随着教育改革的不断深化,素质教育不断朝着强调人文教育和科学教育的融合,尊重人的主体价值,全面提高智力因素与非智力因素,培养创新精神和能力的方向演进。建立在一般素质教育基础之上的创业素质,与以往素质教育中常讲的创新素质、人文素质及科学素质有密切相关,因此,和创新教育一样,创业教育也应在素质教育体系中占有重要地位;河南商业高等专科学校杨丽(2004)指出:建立在素质教育基础之上的创业教育,是帮助学生树立创业志向、培养学生创业能力和创新精神、开发和提高学生创业基本素质、发展创业品质的教育范式。创业教育实现了对学生进行素质教育和培养实际能力的有机整合,使学生的素质和能力都能得到提高。

(2) 对创新创业教育资源整合的研究

高校作为大学生创新教育的核心阵地,承担着人才培养、创业培训、资金提供等多项重要任务。因此高校应正确地认识自身在大学生创业教育的协同机制中的重要地位,并在教育与实践中体现出来。关于高校实施创新创业教育,孟凡婷(2012)认为要对在校大学生的培养计划做出完整规划,通过转变教育观念,将创新教育、创业教育融入教育教学的工作中去,将理论学习与实践创新放在同等地位,通过对两者的优化整合,推动大学生创业的热情和可行性;赵良君、郑铮(2015)强调,要整合各方面的资源,通过构建学校、企业和各级政府部门在三位一体的保障体系,实现理论与实践的有效衔接,通过积极推动教学改革来培养学生的创业意识和创新精神,促进学生潜能的开发;在创新创业教育课程的设置上,胡忠英(2015)认为要创立多层次、立体化的教育课程体系,引进或培养一批高素质道德师资队伍和就业指导专家,并积极鼓励教师与学生共同参与到创新创业实践活动中来;对于构建创新创业教育实施平台,袁国(2011)提出在课外实践中搭建平台,通过资源整合,为学生提供良好的就业与创业机会,既可以采取创业竞赛制度推动学生参与,也可以打造创业导师系统,将成功企业家、投资人、专家学者引进到导师体统中,通过双向选择的导师制度,为创业项目找到合适的创业者,为创业者找到合适的引导者和创业项目、创业团队。

（3）对于创新创业教育困境的研究

对于高校开展创新创业教育困境的研究主要集中在以下几个方面:传统教育模式抑制学生创新能力发展,张燕等人（2015）认为基础教育阶段受到传统的应试模式和唯分数论影响深远,无尽的题海和无休止的考试基本上占据了孩子的所有时间,课程内容重理论、轻实践,作业苛求标准答案,这都严重抑制了孩子们的创新欲望,导致学生创新欲望低、创造能力欠缺、创业成功率低,极大地削弱了大学阶段的创新创业教育效果;其次目前许多大学生的创新创业意识淡薄,部分高校的创新创业教育的整体氛围不够浓厚,孙春玲等人（2013）认为目前高校创业机制不完备、创业场地欠缺、创业经费不足、创业师资欠缺、创业实践缺位、高校创新创业的整体氛围不浓,曹扬、邹云龙（2013）认为目前,多数大学生对大学功能的认知仍然停留在大学改变命运、大学生是社会精英层面,对于就业前景缺乏客观认识,毕业后创业意愿较低。同时,高校在人才培养体系建设上可能也存在欠缺,部分高校的教育教学课程体系陈旧,用于提升学生创新创业实践能力的平台没有搭建出来,即使部分学生已有的创业项目和实践也存在水平较低、质量欠佳,发展潜力不大。

1.2.2 协同创新机制的研究综述

目前,关于高校创新创业教育的研究大都集中在教育模式、路径、体系等方面,对于教育机制的研究涉及较少,其中,一些研究虽然名为机制研究,但实质内容也主要是探讨模式、体系和路径的问题。在这些概念中,有的和"机制"概念重叠,有的则差别较大,但毫无疑问,和上述概念相比,"机制"这一概念的内涵和外延都要丰富得多。通过对"机制"内涵的分析,笔者认为,"机制"这一概念更具实践性和系统性,它在强调教育模式、路径、体系等要素完整性的同时,更加强调各要素之间的良性互动,这对教育工作科学化的发展具有很大的帮助。基于这一认识,本书所指的"高校创新创业教育机制"包括高校创新创业教育各组成要素、作用机理及其相应的功能,是科学推进高校创新创业教育实践的科学路径和有效模式。

1）协同机制的缘起

20 世纪 70 年代,德国科学家赫尔曼·哈肯最早提出了"协同学"的概念,为协同理论研究奠定了基础。哈肯认为世界的统一既在于它们微观结构的单一性,同时也在于其遵从宏观结构规律的普适性。一方面,系统内子系统的协同作用引发了序参量的产生;另一方面,序参量的出现与进化,反过来又调控和影响着这些子系统的协同作用,由此促成了系统有序结构的产生和发展,即系统从无序到有序的'自组织'过程得以产生。通过不断探索研究,哈肯对协同理论又有了新的认识。1987 年,哈肯在上海机械学院讲学时提出了协同学的双重含义,他认为协同学除了指系统各个部分之间的相互协作,还意味着不同的学科之间的碰撞与交流,使之产生新的学科思维,这也意味着"物质系统中客观存在着'协同工作'的机制,即'自组织'的协作运行机制"。因此在开展高校创新创业教育中,既要充分地发挥高校在这个过程中的主导作用,又要加强校企合作,并且借助政府的引导扶持,三者之间相互依托相互合作,共同促进大学生的创新创业教育,为开展大学生创新创业教育提供新的思路。

基于上述分析,可以看出高校创新创业教育机制是以协同理论为基础,以培养具有创新意识、创新精神、创新创业能力的高素质人才为目标,以服务于高校创新创业教育实践为宗旨的教育实践操作模式和发展方式。

2）国外对于协同创新教育体系的研究

目前世界上几个主要的发达国家,如美、英、德、日等国对于协同教育体系的认识与实践方式虽有不同,但都形成了一套具有典型意义和代表性,并符合本国实际的教育模式,这也为国内创新创业教育体系提供了许多可供借鉴的经验。

美国新泽西州新布朗斯维克大学的威廉·文赛尔把协同教育称作为"连结学校和社区的各种行业(包括工商及服务机构)的桥梁,通过协同教育,可以使高校和其他行业更好地进行交流与合作;美国学者 Garrett 从产学研的角度对校企协同合作教育进行了深入的研究,他从协同教育的培养方式以及激励机制等方面对产学研合作做了深入分析,为协同教育培养方式提出了一些可行的建议,同时他认为通过将一定的实践运用到校企合作教育的激励方式上,不仅能为企业培养更多高质量的人才,高等院校也能获得丰富的教育资源和新兴技术;英国教育家弗里曼(Freeman,1987)在提出"国家创新教育"时指出,高校—企业—政府组成的"三重螺旋体"在培养学生创新能力中起到了重要作用。基于"国家创新教育"的理念,L.A. Leydesdorff 和 Henry Etzkowitz 认为"高校和产业的触角一开始伸向了当前属于对方的领域,政府就是那个对方领域的指挥家"。日本的校企合作始于明治维新时期的"产学"合作,此后又不断发展为现在的"产学官"合作。通过"产学"合作这种当时先进的教育模式,日本在明治维新之后迅速地完成从传统的农业国家到当时先进的工业国家的转变,因此日本的"产学"合作在其国内有着重要的历史意义和作用。2001 年 4 月德国合作教育大会又对"合作教育"下了新的定义,他们说:"协同教育是一种将理论知识的学习,实际工作的经历以及职业技能的训练三者结合在一起,使学生在不断变化的复杂世界中更好地生存和发展的教育方法。"加拿大学者也曾提出"当今世界,企业也越来越像是学校,而学校越来越像企业",这些都为深入研究校企协同合作奠定了理论基础。

3)国内对于协同创新教育体系的研究

(1)大学使命与产学协同创新

我国第一所大学是由著名的实业家盛宣怀所设立,这也就意味着我国的大学自创办之初就承担起了实业报国的历史使命和社会责任,但由于当时大学建设大学经济基础十分薄弱,加之后来过分关注对基础功能的研究,导致产学协同创新实践只能依靠研究国外大学协同创新理论及其实践案例缓慢发展,因此我国产学协同创新理论的研究始终滞后于欧美和日本等发达国家。1992 年中科院协同国家经贸委和国家教委等部门组织实施的"产学研联合开发工程"被视为是我国产学研合作的起点,为今后产学协同创新的理论研究与实践探索奠定了坚实的基础。随着国内现代大学制度与功能的不断完善,以及市场经济体制的建立,社会经济发展对产学协同创新的需求也在不断提升,因此,2011 年在清华大学百年校庆上胡锦涛同志的讲话进一步强调了大学承担着社会服务这一重要的使命,并把对"协同创新"的重视提上新的历史高点。

(2)产学协同创新机理研究

随着研究深入,国内学者开始将研究的重点转移到对产学协同创新机理的剖析,并结合交易成本、资源观、知识管理、开放式创新、三螺旋等理论对产学协同的内在运作机制、组织结构与影响因素等领域进行研究：

第一，国内的部分学者通过交易成本理论对产学协同的运行机制进行研究，其核心观点是交易成本是产学合作模式选择与决策的决定性因素。苏敬勤（1999）根据交易成本的概念提出了产学合作组织模式的内部化、半内部化、外部化三种模式，并在不同条件下分析了三种模式的交易成本高低，同时强调了政府的介入有助于促进产学合作的内部化；王蓂和陈松（2001）通过对专业化分工和交易成本的研究以及对国家创新体系进行经济分析（包含大学和企业等相关主体的国家创新体系），提出由于专业化分工带来的交易成本可以通过系统内部的调整来降低，这也正是产学协同创新的根本动机所在；杨怀珍（2002）指出产学协同创新中的交易成本主要包括履约成本、谈判成本与沟通成本，并且通过研究发现交易成本的降低可以通过建立信任关系和战略联盟是最有效手段来实现；顾佳峰（2008）以北京大学为例，通过结果可衡量性、资产专属性、环境不确定性三个方面来测量交易成本及其对产学合作科层管理机制的影响。

第二，国内的一部分学者基于企业和大学所掌握的创新资源的"异质性"，从资源观的角度来分析产学协同创新的机理。余雅风和郑晓齐（2002）指出资源差异性、不完全流动、不易模仿和替代以及能够为合作双方创造效益是企业和大学进行合作的应当具有的四种特征；鲁若愚（2002）指出企业和大学拥有的资源具有很强的依赖性和互补性，因此产学合作最能实现企业和大学相关要素的优势互补，形成重组优势、规模优势。

第三，大学是生产和传播知识的重要机构，因此随着知识经济的快速发展，国内相当一部分学者从知识管理的视角对产学协同创新机理进行研究。阳银娟和陈劲（2012）提出协同创新是以知识增值为核心的价值创造过程，知识增值的过程可以为大学和企业等相关主体构建一致性的利益目标框架，从而实现协同创新的战略目标；杨秀芬（2010）将知识创造作为创新协同创新机理中的中介变量，提出社会资本、组织学习等会对产学协同创新过程中的知识创造（包括知识分享、知识应用两个维度）产生深刻的影响，进而影响创新绩效；陈士俊、柳洲（2011）等学者结合知识管理理论，以产学协同创新机理为研究主题，研究了产学关系对知识转移的嵌入作用机制、产学合作的组织边界与实现路径、产学知识联盟对创新能力的提升机制、知识耦合与产学合作的内在机理、产学联盟内企业成长机制、产学合作的知识创造机理等内容。

第四,在开放式创新条件下,大学作为企业可利用的重要外部创新源,一些国内学者从整合创新要素的过程以及创新要素对创新绩效的影响等方面对产学协同创新机理进行了研究,因此开放式创新理论的提出,进一步丰富了如何通过产学协同提高企业技术创新的相关研究。殷辉等人(2006)结合演化博弈的方法对开放式创新条件下产学合作策略选择的影响因素进行研究,这些因素包括组织战略、组织架构、组织规模、组织文化、研发强度、吸收能力等,指出产学合作是一种持续动态演化的过程,即双方需要根据对方的行为选择来不断地调整各自的策略;陈钰芬、陈劲(2006)研究了企业在开放式创新环境下利用大学等外部资源的技术学习机理,强调要保证挖掘性技术学习与探索性技术学习的协同平衡;叶伟魏(2009)从创新能力的研究角度提出,协同把握创新机会能力、技术合作创新能力、市场合作创新能力是评价产学协同创新能力的三大指标,并把主导设计是产学协同创新成功的分水岭;秦玉萍(2012)通过对日本产学官合作案例进行分析,指出在产学合作中"产"向"学"的人才与知识流动同样重要,因此构建双向型的产学开放创新模型有利于产学合作的发展。

第五,在三螺旋理论中,企业、大学、政府都作为国家创新体系中的创新主体,强调了大学与产业两者之间紧密联系以及交互作用的重要性。有学者认为三螺旋理论对于大学"产业化"的道路可能是正确的,但是由于这些理论并没有一套清晰的、能够评定产学之间联结强度的准则以及缺乏相关数据的指标,因此该理论对实证研究的指导价值还有待提供;基于非线性网状创新模型,周春彦(2008)提出了"三螺旋循环"的概念,认为以产品流动、信息流动、人员流动为特征的产学协同创新揭示了企业、大学以及与政府之间的运行机制和相互作用;王向华(2012)提出在"三螺旋"结构中,由于大学、企业、政府的在创新目标上保持一致,从而产生了混合型的组织和制度,如大学衍生公司、政府实验室、公司间的技术联盟等。

通过以上分析可以得出结论:高校创新创业教育需要多方协作,企业、高校、政府是"三位一体"的主体部分。其中,政府、企业、高校都有责任为大学生的创新创业教育提供服务和支持,而要使创新创业教育取得实效。另一方面大学生也需要发挥自己的主观能动性,不断增强自己的创新精神和创业意识,努力进行创新创业实践,从而提升自己的创新创业能力。从微观角度来看,高校创新创业教育是社会系统的子系统,这一子系统的产生与发展需要企业、高校、政府和大学生等序参量的协作,在发展过程中,政府、企业、高校和大学生等序参量会根据实际状况发生"自组织"现象,不断促进这一子系统有序、健康的发展;从宏观角度来看,高校创新创业教育是一个社会问题,需要社会多个行业和部门的相互协调和合作,共同建立"协同工作"机制,同时这些行业和部门也会根据实际状况"自组织"地协作运行,最大限度地推动高校创新创业的发展。

1.3　研究内容

1.3.1　内容结构

本书以高校视角对高校创新创业教育协同机制的实现过程展开研究,第一部分通过对高校创新创业教育背景意义的研究,以及对国内外创新创业教育的文献梳理,对创新创业教育研究的现状和必要性进行分析;第二部分在对高校创新教育和创业教育的内涵及关系剖析的基础上,以"2011计划"为指导思想,以协同创新理论、"三螺旋"理论、个性化教育理论以及人的全面发展理论为基础,对高校创新创业教育演化进行梳理;第三部分通过对我国高校创新创业教育的内在契合关系的研究,强调高校创新创业教育的内在契合要具备清晰定位、高度认同度以及完善政策支持等条件,同时提出在树立正确的创新创业教育观、整合校内资源构建创新创业教育的实现机制、优化校外环境发挥政府与社会的协同力量、提高大学生自身素质增强其创新创业能力等方面构建创新教育与创业教育内在契合路径;第四部分通过对美国高校创新创业教育概况以及实践情况的研究,明确美国高校创新创业教育内容标准、课程体系、师资配备等情况,掌握美国创新创业教育的发展历程和未来的发展趋势,在立足我国创新创业教育发展实际的基础上,借鉴创新创业教育的有益经验,不断完善我国的创新创业的教育体系;第五部分在对创新创业教育的创新性与实践性、一致性与差异性、主体性与互动性、传统教育体系相结合的设计原则以及多维协同、多层次机制的设计思路下,明确设计高校创新创业教育的"政校企"结合教育协同机制,构建立足大学生创新创业教育实践基地的"三课堂"创新创业教育体系;第六部分通过对高校协同创新运行机制的剖析,深入探讨高校协同创新的管理机制、激励机制和调控机制,促进高校充分发挥学科和人才优势,通过人才互派、平台互通、团队共建、资源共享、技术协同等方式深度开展协同创新,既推动企业技术创新,又促进高校学科发展、高水平创新人才培养和科研成果有效转化,为构建中国特色的高校创新创业道路提供思路;第七部分通过对以上国内高校创新创业教育现状的分析以及国外经验的借鉴,从教育队伍、质量管理、制度环境三个方面出发,为我国建立创新创业教育协同机制提供保障,为加快我国高校创新创业发展、深化科技体制改革、提高自主创新能力、建设高等教育强国和创新型国家提供相应的对策建议。

1.3.2　主要观点

本书通过对创新创业教育相关文献的梳理以及对高校创新创业教育内涵、关系和相关理论的探讨,在研究国内高校创新创业教育发展现状以及借鉴发达国家高校创新创业经验的基础上提出了以下观点:

1）政府、高校和企业协同合作是建立创新创业教育协同机制的基本保障

高校创新创业教育不是“封闭式”教育,而是典型的“开放式”教育,仅仅依赖高校的力量远远不够,需要政府、高校和社会三方协调推进。只有建立起政府、高校和社会三位一体的、互帮互助、高效有序的创新创业教育运行体系,我国的创新创业教育才能得以飞速发展并取得长足的进步,因此,要搞好创新创业教育眼光不能狭窄,视野要开阔,实现政府、高校和社会三方协调推进需要做好协调工作,一方面需要促进校内各部门的协调,另一方面需要整合校内校外各方资源,营造出浓厚的创新创业教育氛围,培养更多富有创新精神、掌握创新创业知识并积极投身实践的高质量应用型创新创业人才;另一方面要大力优化创新创业教育的社会环境,政府和企业要为高校创新创业教育提供更多的支持,加大对创新创业教育支撑与服务体系的建设,这样可以实现资源整合、资源共享、信息交换和服务优化,最终目的在于为创新创业创造一个良好的局面和氛围,进一步促进有利于大学生创新创业环境的形成以带动创新创业教育的完善和发展。

2）高水平、高质量的教育团队是顺利开展创新创业教育的关键点

构建一支结构科学合理的创新创业教育的师资队伍,推动优秀的创新创业教育团队建设是发展创新创业教育的前提,老师是促进该教育发展的主要力量,在课程研究、教学方式采用、教学成效等方面起着至关重要的作用。新时代教师必须满足创新创业教育新的要求,参与教学的老师必须掌握一定程度的创新创业理论、经历和能力。通常专职老师的数量是依据专业需求确定的,另外,可以聘请企业里有丰富创业实践经验并兼有理论知识的专家作为兼职教师,并邀请成功的创业者来学校开展创业讲座。所以,为了推动创新创业教育的发展,要招聘高质量的创新创业教育人才,构建一支与时俱进的专兼职创新创业教育教师团队。在组建一支高水平的专职教师队伍的同时,还需要聘请一些创业实践型的教师力量,从国内外企业邀请兼具实践经历和理论认识的全面人才,例如成功的创业者、经管行业专家、投资专家等作为兼职教师,他们通过开展专题讲座等形式,不仅能让本校老师更新其理论知识,还能传授有用的实践经验给大学生,提高学生对创新创业的兴趣和积极性。高校可以和一些国内外企业建立合作联系,合作企业提供一些先进的创业理念和实践项目,利用企业职员讲课、开展讲座、指导实践等形式,培养大学生的创新创业思维能力,提升大学生的创新创业热情,只有这种全面的教师团队才能推动创新创业教育的发展。专职教师主要包括本校专门研究创新创业或与其密切相关的老师;兼职教师主要包括其他学校创新创业专职教师以及有创业经验的企业职员和政府职员等。专职教师和兼职教师中其他学校专职教师主要承担创新创业理论教育方面的职责,兼职教师中有创业经验的企业职员和政府职员主要承担创新创业实践教育方面的事务。

3）应将综合评价纳入高校整体绩效考核评价体系

对于创新创业教育来说仅仅依靠单项评价远达不到考核的标准和要求,还需对单项考核进行有效补充,应将创新创业教育作为综合考核的一部分纳入学校整体绩效考核评价体系。具体措施包括以下两个部分,一是创新创业教育应作为高校年度绩效考核体系的子模块之一,对于二级学院亦是如此,创新创业教育质量可视为判定学院人才培养质量和办学水平的参考标准,与此同时高校需要对相关工作突出的院系予以一定程度的奖励;二是改进和完善本校二级学院的创新创业激励办法和措施,高校相关教师的创新创业教育业绩、成果和质量应该纳入津贴发放体系、教职工绩效考核和岗位聘任体系,甚至可以纳入高校职称评价体系。目的在于进一步提高教师进行创新创业教育、普及创新创业知识技能、带领学生开展创新创业活动的积极性。如此进一步加大了相关教育质量评价力度,有助于高校全员重视并积极参与的良性局面的形成,旨在推动创新创业教育进一步发展。

4) 教育改革的关键任务是提高教育质量

《国家中长期教育改革和发展规划纲要(2010—2020)》中谈到,教育改革的关键任务是提升教学质量,树立以提高教育质量为中心的教育发展观,构建以提高教育质量为方向的管理体制和工作制度。针对高等院校,教育改革发展的关键任务也是努力提高教育质量。高等院校可以组织创新创业质量保证领导负责小组和专家小组,利用行政力量和学术权威,协同保证创新创业教育质量。要建立行政和学术体系下的教育质量保障体系都需要对大学创新创业教育质量进行深入评价和剖析。构建高等院校创新创业教育质量评估制度,是大学创新创业教育质量管理保障体系的重中之重。教育质量保障不仅包括创新创业教育师资、物资等保障,还包括创新创业教育的教学成效保障。在此基础上,本书认为要建立以加强创新创业教育评估为焦点的创新创业教育质量管理保障体系,按期考评高等院校创新创业教学组织状况与教学成效,随时监测并对其实施情况进行考评,为提高教学质量提供科学依据并充分利用各资源。

5) 良好制度环境有利于推动高校创新创业教育的开展

尽管制度环境对教育的影响是潜在的、间接的,但它对教学效果产生的影响是不可小觑的,是高校创新创业教育协同机制保障体系中必不可少的一部分。总的来说制度环境对创新创业教育的作用主要在以下几个方面:价值引导作用、目标引导作用以及资源集合作用。日本学者细谷俊夫在20世纪30年代著述的《教育环境学》中,具体阐述了自然环境、社会环境和精神环境对教育产生的影响。创新创业教育环境是指营造良好的学校创新创业氛围和支持创新创业教育发展的制度环境,是全校师生身处校园中可以感受到的有关创新创业的意识形态、价值规范。教育环境包含学校基础设施,例如教学楼、图书馆、食堂、宿舍楼等;学校环境构造,例如绿化设计、建筑风格、校园规划等;学校规章制度,例如管理制度、发展规划等;精神文化,例如校史、校训、学习风气等。高校创新创业教育制度环境保障体系是指创造一个有利于开展创新创业教育的环境的一套保障体系。

第 2 章

高校创新创业教育的理论基础

2.1 创新创业教育内涵

2.1.1 创业内涵

"创业"是一个横跨多学科的名词,尽管早就在文献中出现,但学术界关于创业的定义问题一直未能达成共识。

1) 国内专家学者关于"创业"的定义

在我国,人们对创业概念的理解,正处在由中国文化的传统解释向西方的狭义解释迅速靠拢的过程中。在当前国内学术界,往往倾向于创业的广义内涵。

对于创业概念的界定,国内大多数学者都倾向于将其划分为狭义的创业和次广义的创业以及广义的创业等三个方面。狭义的创业概念是指一个创立新组织、企业的过程;而次广义的创业概念则是一个通过企业来创办事业的过程。它主要有创办新企业和企业组织内部创业等两方面的内容。广义的创业概念则是指创建一个新的事业的过程,换句话说就是指任何有关创办新事业(无论大小)的过程都可以叫做创业,如(非)营利性组织、(非)政府组织。据复旦大学管理学院郁义鸿教授总结,创业是一个过程,一个不断地发现并抓住一切机会来创造出新产品新服务,从而进一步发挥自身潜能、实现自身价值的过程。李家华等人将创业界定为不拘泥于当前的资源约束、寻求机会、进行价值创造的行为过程,突出了创业的 3 个要点,同时明确提出创业应该伴随新价值的产生，而这种价值既可以是商业价值，也可是社会价值。杨艳萍则是将创业界定为在各个领域开创事业并且在特定领域内形成较大影响，既包括创办企业，也包括在其他领域创建业绩。

2）国外专家学者关于"创业"的定义

"抓住商业机会""创立新组织"等与创业的狭义内涵相关的词汇是国外学术界在界定创业概念的时候使用频率相对较高的关键词。而且他们一般都习惯将创办企业和创业放到一起研究，认为二者虽有联系却又不同。此外，西方学者们还往往会忽视创业在文化和政治层面的作用，而是注重它在经济层面发现商业机会、强调创造物质财富的内涵，从而强调其在整个社会经济发展中的意义。最后，除了上述关键词之外，与创业的广义内涵相关的词汇如承担风险、创新以及开创新事业、创造新价值等关键词也是西方学者们的选择。

3）创业的其他解释

"创业"一词在《辞海》中被定义为"创立基业"，即开拓、创造业绩和成就，与"守成"相对应。创业，《现代汉语词典》解释为"创办事业"。它包括"创"和"业"两个字，"创"是开创、创办的意思，而"业"在这里是事业、业务的意思。《新华字典》里的"创"有始造之意，如《广雅》里的"创，始也"，诸葛亮的《出师表》中又曰："先帝创业未半，而中道崩殂"。这里的"创业"即指开拓业绩。而"业"字在《现代汉语成语辞典》内涵很丰富，有学业、专业和事业以及就业等含义。通过整理、归纳可以发现：学者们对"创业"定义的界定多是从人的品性特征和经济价值以及组织行为方式等三个大方面来考量的。

目前，国内外有两种较为简单的定义：一是《辞海》中所指出的"创立基业"；二是《英汉剑桥英语词典》中所指的"可获利的、需要付出努力的事业与计划"。而现实中，人们一般都倾向于将创业定义为创立新企业。然而这种解释太过狭隘。本书则认为创业是一种行为创新，是创业主体在经济、文化、政治等领域内为开拓新天地同时又会给他人和社会带来机会的探索行为。它包含以下几点：首先，明确地把"创业"定义为主体在行为上的"创新"，从而将"创新"与"创业"有机结合起来，表明二者间的从属关系；其次，"创业"一词的使用范围非常广泛，它可涉及文化及政治领域而不仅仅是经济领域；再次，"创业"绝不是指那些停滞不前的行为，而是一种积极发展的探索。当前，高校所开设的大学生就业指导课程不再仅仅局限于传授建立企业等方面的知识,而是将培养学生的创新意识、创业精神,作为重中之重。

2.1.2 创新内涵

创新是什么?它与创业又有什么关系?事实上,人们在创业实践中总会有着某种程度上的创新,然而创新却并不等于创业,它们是两种不一样的概念。正如前文所述,创业是指一个主体充分利用自己的资源优势从而创造经济、社会价值的活动。创新则是主体在已有知识基础上,不局限于某一固定思维模式,从而发现新事物的过程。经济学家熊皮特主要是从经济学的角度来定义"创新",认为"创新"是一个经济而非技术范畴,是对新产品或新过程的一种商业化,就是将一种全新的有关生产要素与条件的组合用于生产体系,从而建立一个新的生产函数。它不只是科技上的发明,更多的是将业已存在科技应用到企业中去形成一种全新的以营利为目的生产能力。他的"创新"一直就是一个集成的表述即广义上的创新,它不单单指技术创新,更多是模式和组织等形式的非技术创新。他所认为的属经济范畴的创新有以下几种情况:第一创造新产品;第二采用新生产方法;第三开辟新市场;第四取得新供给来源;第五实现新组织方式。事实上,一直到 20 世纪 30 年代熊彼特的创新理论才引起了西方学术界的认可并至今被奉为经典。我国科技界于 20 世纪 90 年代引入"创新",出现了创新的各种提法,如"知识创新""科技创新"等等,随后拓展到社会各个领域。据清华大学的科学与社会研究所的李正风教授总结,国内对"创新"一词有着不同的理解,有的学者是从经济学角度出发探求创新的内涵,而有的学者则是依托其一般含义来理解创新。今天,人们所说的创新就是"创造并发现新事物"。然而"创新"的概念并不像李正风教授说得那么简单,大多数学者都认为很难严格界定"创新"。本书认为与创业一样,创新也同样有狭义和广义之分。狭义的创新就是指发明、改进某一理论或方法,强调将技术与经济结合起来。广义的创新则是追求各领域与经济领域的融合,主要表现在体制机制和知识技术等各个不同的方面。本书认为,创新就是主体的一种行为活动。指主体在社会已有资源基础上,发明一种全新的事物如科学技术或者产品、思想方法等。这个定义包含四点内容:第一,创新不可能是"无源之水,无本之木",是主体在社会已有的成就上才能实现的。第二,创新的"新"是一个相对的概念,是相对于目前社会上已有的成果来说是新事物。第三,创新注重的是

"新",是以前从来都不曾有过的事物。第四,创新关键在于开创,它是一个需要主体去经过一番努力才能取得突破性进展的活动。

2.1.3　创业教育

"创业教育"是西方国家在 20 世纪后期提出的一种全新的教育理念,直至今天,创业教育理论研究及其实践已经发展了 20 多年,可以说也已取得巨大的成就。但是,什么是创业教育? 人们通常认为的创业教育就是指对受教育者进行一些创业指导,这些指导可以是创业理论,也可以是创业实践等方面的知识。当然,这种定义仅仅是从"字面"这个浅层次上来说的。然而,关于创业教育的较为确切的、被大多学者所认同的定义,目前学术界还没有较统一的界定。有的学者认为创业教育是一种以开发学生潜能,提高其创业的基本素质,如创业能力、创业精神以及创新意识为目标的全新的教育理念。通过这个过程,学生的心理素质以及各方面的能力能够得到很大的提高,这是一个创业主体在创业过程中所必不可缺的。此外也有专家认为,从广义上看,创业教育是一种以培养学生的创业意识、创业精神、提高学生的创业能力为最终目的的素质教育,这种素质教育的实现是借助一些较为完善的创业课程、创业实践来完成的;而从狭义上看,创业教育则可以简单地定义为培养和提高大学生创建企业的能力。以上各学者关于创业教育的定义都是比较杂乱零碎的,并没有形成比较系统的学术界定。直到 1989 年,联合国教科文组织对才对"创业教育"做出了相对权威的定义。1989 年,联合国教科文组织在北京召开"面向 21 世纪教育"国际研讨会上第一次对创业教育的内涵给出了较为权威的界定:创业教育是继学业教育和职业教育后的第三种教育模式,是人们的"第三本护照",还是人们在不久的将来能够更好地生活所必须具备的教育。通过对文献的分析整理可以发现,目前国内外的学者对于创业教育含义的界定主要有两种:第一种是比较片面理解。这种观点认为,创业教育是以盈利或者说是以经济效益为目的教育形式,而这种形式自然而然也是依据成本收益比来评价实施效果的。换句话说就是它仅仅教给大学生一些如何以及怎样建立企业的知识,不管会不会提高他们的创业能力、创业素质等比较深层次的东西;第二种观点则是认为创业教育是新时代的产物或是新时代的新要求,它强调创业教育要以培养大学生的创新思维、创新能力等这些基本创业素质为首责,无疑是一种与当代知识经济、信息时代贴切的创业教育观。

本书则认为创业教育同样也有广义和狭义之分，正如前文所说，狭义的创业是创业主体建立新企业的一种经济活动，以经济利益为终极目标。而狭义的创业教育则也能够理解为，是一种以培养当代大学生的创新思维、创新能力等这些基本创业素质为首责的，以便毕业后能够在社会上更好地做出事业成绩的，从最初的寻求职业岗位转换成为社会和他人创造职业岗位的各种综合能力的教育。广义上，创业教育就是要培养创业者的教育活动。这个过程所培养出的应该是具备良好的创新能力和创新精神以及冒险精神，能够较好地进行创业实践的人。总之，从整体上看，创新教育的开展往小方面讲可以提高当代大学生的创新意识、创业能力。此外它还能在很大程度上缓解大学生就业压力，而这点对于解决当前大学毕业生就业难问题意义重大；往大方面说，创业教育是新时代的产物，也是高等教育改革的需要，更重要的是它顺应了目前这个信息经济时代发展，超越了创业教育仅是创办企业的狭隘局限，也不再是以营利为最终目标，它已经成为人们日常生活、工作中的一种新的思维方式。

2.1.4 创新教育

当前为止，文献中对于"创新教育"一词的界定已有许多，但是总体上大概可分为两类：一类是以培养创新素质如创新能力、创新思维和创新意识以及创新人才为目标的教育活动；另一类则是一种新时代下的新型教育，其是相对于传统教育而言的。而国际上则是将创新教育简单地分为两大类：第一类是从狭义角度出发，认为创新教育是一种以培养创新人才为终极目标的教育活动，所谓创新人才就是指那些拥有冒险精神抑或创新精神、创新能力、创新思维的符合时代潮流的新型人才；第二类则是从广义角度出发，强调创新教育不同于以往的传统教育形式，它比较注重个人创新能力和创新素质的提高。总体上它是反映了当今时代的新要求，是一种创业知识和内容丰富的新型教育活动，这种新型教育活动不仅包括对整个大环境的分析判断能力，还包括一些其他能力，如基础知识学习能力、资源利用能力、捕捉商机能力、创业实践能力、风险预测及控制能力、沟通协调能力等。现实生活中，学者们定义创新教育时不单单要将创新教育的历史发展沿革已经业已形成的规约考虑在内，不仅要认识其发展历程和目前已经约定的规约，又要考虑其在之前基础上的升华以及未来的发展趋势。综上所述,不难总结出广义上的创新教育一句话概括就是促进社会人去创新的教育。只要是围绕人的创新思维和创新能力的提高的教育均可以叫做"创新教育"。作为培养创新人才的基地,高校的创新教育就是培养大学生的探索能力和知识应用等能力的一系列创新教育活动。高校的创新教育必须要使学生主动地学习,敢于突破思维定式,善于思考,而非只被动地接受前人的思想成果。所谓"创新能力"是指一种综合能力,它集中表现在创新活动中的观察和分析能力与实践能力等方面,强调的是个体综合应用各种资源并且在已有成果上的突破与创造。此外,创新能力还不仅仅是个体的自身认识能力与实践能力的简单结合,它还是个体自身的创造力与社会整个大环境的有机完美结合。

本书认为创新教育的发展是新时代的产物,是当下这个新时代对高等教育提出的要求,顺应了高等教育历史潮流的发展,是一种对传统教育模式的彻底性改革,培养学生的创新精神并逐步提高学生的创新能力是创新教育的宗旨。这种教育模式试图营造一个有利于提高学生创新能力的环境,通过完善的教育理论体系和丰富的实践环节去发掘大学生的创新潜能、培养其探索精神、提高大学生学以致用的能力,是新时代高等院校教学方法的改革、教学内容的创新,是对教育价值的再思考,为我国高等教育的发展指明了方向。

2.1.5　创新创业教育

1) 创业教育与创新教育的关系

关于创新创业的含义前文已经论述过:创新教育是以培养大学生创新精神和提高其创新能力为终极目标的新式教育,它强调的是人的全面发展。创业教育是培养大学生自主创业意识和增强其创业能力的教育活动,它强调的是对创业主体进行创业基础知识的传授。纵使创新教育与创业教育无论是从内容还是体系上都有些许相似之处,但这并不代表二者是相互替代抑或相互等同的关系。

(1) 创业教育与创新教育内容相通、目标一致、功能相同

总体上看,创业教育和创新教育的主要内容是相互贯通的,二者彼此相辅相成:创新的基础是创业,自然而然地可以说检验创新水平的高低程度的

标准还是创业实践的成功与否;反过来讲,创业又是创新的物质载体及其集中表现形式,能否创业成功的关键是能否具有良好的实施效果。创新教育是以培养大学生创新精神和提高其创新能力为终极目标的新式教育,它强调的是人的全面发展。而创业教育是培养大学生自主创业意识和增强其创业能力的教育活动,它强调的是对创业主体进行创业基础知识的传授。二者既相互促进又彼此制约,辩证统一。创新教育重新定位教育的功能,而非仅仅变革教育方法及其内容,是一场全局性和根本性的教育改革。新世纪新时代的发展对高等教育提出新的要求:高校要培养出具有创业能力、创业素质的高质量人才。因为只有这样的人才能适应进程逐渐加快的信息经济时代,才能紧跟知识与经济越来越紧密结合的社会发展趋势。

（2）创业教育是创新教育的深入

创业在某种程度上又是另一种创新,创业的过程中往往伴随着创新,因为创新是创业的基础。一个社会主体要想进行创业,他就必须具有坚实的基础创业知识和敢于突破思维定式的创新精神、冒险精神,最重要的是要拥有良好的组织管理能力。由此可知,一个创业者应该是一个具有综合能力的人,只有这样他才能担任起管理者和企业家等众多角色。因此,创业教育必然是创新教育的深入抑或是具体化,它应当也完全可以从各方面渗透在创新教育中去。

总之,创新教育与创业教育是相互促进而又彼此制约的关系,是密不可分的辩证统一体。高等院校开展创业教育,实际上是对学生进行创新教育的一个有机组成部分。

2）创新创业教育含义

"创新创业教育",顾名思义,人们一般认为创新创业教育就是创业教育和创新教育的简单结合或者是对创业教育的一种革新。事实上,"创新创业教育"是我国创造性将创新的理念和国外的创业教育有机结合在一起的由此而形成的一个全新的概念。理论界中有许多专家学者都提出了自己对于创新创业教育一词的理解,但至今没有一个权威且明确的定义。1991年召开的东京创业创新教育国际会议上将创业创新教育定义为:指培养出一批具备冒险精神和探索精神以及自主创业能力和管理能力的教育活动。也有专家认为高等学校创新创业教育的终极目标是培养大学生的创新创业基本素质,促进当代大学生的全面发展,因而是一种新型的教育模式。

综上所述,本书认为高校创新创业教育是指以全体大学生为发展对象的顺应新时代潮流的一种与时俱进的教育模式,是一种基于多种教育理念的全新的教育理念,目标则是培养当代大学生的创业精神和提高大学生创新创业能力的新型教育,使高校毕业生自主创业的一种实践活动。这种教育模式革新了传统的教育观念、将教学与产业紧密结合,使得当代大学生综合素质逐步提高,也顺应了信息经济时代的发展趋势,最重要的是创新创业教育实现了从注重知识传授向重视创新素质培养的转变,为大学生的创业之路奠定了坚实的基础。

3）创新创业教育的特点

创新创业教育总体上会更着重提高高校大学生的创新创业意识,更强调培养学生的创新精神,从而使得高校大学生能够积极主动地创建自己的事业,而不再仅仅是等待别人的选择,为他人打工。换句话说,就是实现了自身从被动地位到主动地位的角色转换。创新创业教育与传统教育模式虽有相同之处,但是二者还是存在差别的,创新创业教育有自身的独特之处:

首先,创新创业教育相对于传统教育而言,它主张以高校大学生为对象有目的性地开设创新创业教育课程。一方面给那些想要创业的学生提供创业指导;另一方面给那些正在进行创业实践的学生提供关于企业经营管理方面的实践培训,比如开设创业规划、创业实践、企业经营管理等课程,总之,更注重开发创新创业课程。其次,创新创业教育主要是通过实践比如开展各种关于创新创业项目的活动和比赛或是通过设立创新创业奖学金等形式鼓励学生自发成立创业中心、协会、社团等让学生自身更加直观地切身感受创新创业的形式、意义,从而激发大学生创业兴趣。最后,创新创业教育还要求各高等院校应该建设各类的创业机构,比如创新研究中心和创业中心,从而给学生进行创新创业理论与实践提供平台。

2.2　创新创业教育理论

2.2.1　创造力理论和三螺旋理论

1）创造力理论

创造力是人类特有的一种能力,是一种能够发现新思想和新事物的能力,是一个人的心理品质或者复杂的心理活动,个体在此基础上才能完成某种创造性活动。比如发明新方法、新技术、新设备等都是创造力的集中表现。独特性和新颖性是创造力区别于其他能力的显著特征。而无定向、无约束地借助已知探索发现未知的发散是其主要构成因素。除此之外,创造力的判断标准还在于是否具有社会价值、个人价值。美国著名心理学家吉尔福德认为,个人的创造力就是指当发散思维集中体现为外部行为。学术界普遍认为创造力是创造性思维的产物,是一种由智力及个人品质和知识等因素形成的综合性本领,由此可知创造力主要是由以下几个方面构成:

第一,知识。创造力的基础就是知识,任何创造都是以知识作为基础和前提的,没有知识就没有创造。换句话说就是只有在充足的知识基础上才能提出创造性方法。它主要由记忆知识和理解知识以及吸收知识这三种能力组成。

第二,智力。智力的核心是创造性思维能力。人们一般所说的智力通常是生物一般性的精神能力,即一种人在认识和理解客观存在的事物的基础上运用所学知识和经验去解决问题的能力。它包括理解、判断和解决问题以及抽象思维、表达和学习的能力。

第三,品质。包括意志、情操等方面的内容。品质是指一个人在道德情操以及意志力等方面的素质,它是个体在特定的条件下借助社会实践活动体现创造素质。是否具有较好的个人品质是能否成功创造的关键点,良好的个人品质如顽强的意志力和进取心有助于个体充分发挥自身优势资源和创造力,成功创造。

综上所述,创造力的主要构成因素是智力、知识以及个人品质,三者共同决定了一个人创造力水平的高低,相互作用。而当前高校大学生的创业教育课程主要是以创造力为基础开展的,而创造力理论则为高校大学生创业教育课程的开展及改革提供了理论依据。

2) 三螺旋理论

20世纪90年代后,国外许多学者都对政府和高等院校以及企业的协同合作进行了"建模分析",他们在尝试着去研究出一种新型的创造性的理论。三螺旋理论最早是由英国学者劳伊特·雷德斯多夫和美国学者亨利·埃兹科维茨于20世纪40年代提出来的。该理论强调的是政府和高校、企业三者之间的共同协作与配合。通过分析不难发现在"三螺旋理论"模型中,政府以及高校、企业三者之间的关系越发密切,更重要的是它们之间是相互促进、共同发展而非恶意竞争的积极关系。首先,高校对企业和政府有积极的反向作用。比如高校一方面可以通过政府与企业来找到自身发展的方向,探索到整个社会的发展动力,从而更好地规划自身的教学计划。另一方面高校自身的科研成就也能通过某种市场化方式使得政府和企业共享收益,这样一来就保证了高校、政府、企业三者之间的良性互动和发展。其次,从企业角度出发,企业的发展同样也对高校和社会有积极的反向作用。通常,企业的健康发展往往需要高校现有的科研成果支持,而高等院校大量的科研项目刚好满足了企业在这方面的需求。一方面,企业可以通过利用自身的优势,比如良好的经营管理能力和强大的营销推广能力等,将那些由高校提供的比较具有价值的科研成果市场化,来获取经济收益,从而最大程度上实现利益最大化。另一方面,企业利益最大化时还可以反过来支持高校科研人员的工作,给他们提供资金或资源方面的帮助,从而更好地协助高校研究学者攻破技术难题,这将在很大程度上对国家高新技术的发展起到良好的推动作用。而政府作为国家行政机关,整体上担任了一种宏观调控的角色,因此作为中间第三方来支持企业与高校的协同发展并合理解决企业和高校之间存在的社会性问题,如二者因各自性质不同而产生的摩擦,并出台一些恰当的与之联系的发展政策、从各个方面为高校和企业间的良性互动与合作扫清障碍是政府不可推卸的责任。综上所述,政府与企业和高校之间是不可分割的利益共同体,简单来说就是一种互惠互利的关系:高校通过开设有关创新创业的教育课程提高高校大学生的创新创业基本素质;企业则是从资金、设备等方面支持高校大学生去自主创业;政府作为第三方起着平衡企业和高校的中介作用,制定恰当的创业发展优惠支持政策,促进高校和企业间的合作。这三个主体都充分利用各自优势来相互协作,形成一个上升的新型螺旋体。

2.2.2　创新理论和"创新人"假设

1）创新理论

所谓"创新"是主体在已有知识基础上,不局限于某一固定思维模式,从而发现新事物的过程。而创新理论则最早是由经济学家熊彼特在 20 世纪初提出来的。他主要是从经济学的角度来定义"创新",认为"创新"是一个经济而非技术范畴,是一种企业和管理者的经济活动,是一个内生变量,是一切经济发展的源泉,是对新产品或新过程的一种商业化,就是将一种全新的有关生产要素与条件的组合用于生产体系,从而建立一个新的生产函数。这个新的生产函数不只是科技上的发明,更多的是将业已存在科技应用到企业中去形成一种全新的以营利为目的生产能力。它将会变革组织的生产技术,更好更快地提高其生产力水平,从而能够最大程度上实现企业的终极目标——利润最大化。此外,熊彼特所理解的创新主要有三方面的内容:基本含义、创新与管理者关系、创新与创造的异同。他的"创新"一直就是一个集成的表述即广义上的创新,它不单单指技术创新,更多是模式和组织等形式的一个经济而非技术创新。他所认为的属经济范畴的创新有以下几种情况:第一创造新产品;第二采用新生产方法;第三开辟新市场;第四取得新供给来源;第五实现新组织方式。不同于熊彼特的创新理论,马克思在许多的经典著作中认为创新涉及社会的各个领域、各个方面,它不再仅是管理者或是企业家的特权,社会中的每个人都有权利去创新。他多次强调创新既是一个国家兴旺发达的不竭动力,又对于整个社会的发展尤其是经济发展极其重要,影响重大。

2)"创新人"假设

"创新人"假设是德鲁克于20世纪90年代提出来的一种关于人性假设的全新的理论。德鲁克认为,提高企业的整体创新水平和成员的创新能力是一个现代管理者变革成为领导者的关键。创新人假设的主要内容大体上有以下几点:第一,马斯洛需求层次理论表明,人的需求层次是不断上升的,是一个由低层次逐渐向高层次递进的升华过程,自我实现是人的最高需求层次,这里的自我实现便是实现自我创新、自我突破。第二,知识经济时代的到来要求人们不断实现创新来提高自我的创新能力,从而更好地在事业上做出成绩,更好更快地适应当今社会的快速发展。自我激励、自我控制是个体实现持续创新最根本的途径。从企业角度出发,营造一种积极、平等、自由而又民主的生活氛围,使得成员在这样的氛围中能够更好地实现自我创新是一个企业可持续发展的关键。管理者应该采取多种激励方法和手段鼓励员工在保持个人目标与组织目标一致的前提下,最大程度上实现自我创新和自我价值,从而能够更好地完成企业目标,实现组织利益最大化。总而言之,"创新人"假设强调的是个体自身具有的追求创新和变革的内在需求,为高校培养创新创业人才提供了强大的动力。

2.2.3　协同创新理论 与"2011"计划

1）协同创新理论

"创新"最早是由熊彼特提出来的,他主要是从经济学的角度来定义"创新",认为"创新"是一个经济而非技术范畴,是对新产品或新过程的一种商业化,就是将一种全新的有关生产要素与条件的组合用于生产体系,从而建立一个新的生产函数。它不只是科技术上的发明,更多的是将业已存在科技应用到企业中去形成一种全新的以营利为目的生产能力。与之前相比,它的功能或效率得到了明显的增强,更关键的是它能够在整个的创新过程中取得超额的经济利益和社会价值,同时还能够不断地促进科学技术和生产资料的革新。这就是所谓的"协同创新"。具体来讲,协同创新就是一种以知识增值为核心的创新机制,是组织内部形成的一种关于技术、知识、能力等方面的分享机制,是为了最大程度上取得重大科技成果创新而由政府、企业和高校等主体建立起来的大跨度整合的创新组织模式,是指对创新要素和资源进行集中整合,从而能够打破各个创新主体间的隔阂并实现彼此间关于信息、资本、人才、技术等方面的深入合作。在协同创新的机制下每个相对独立的创新主体拥有着共同的奋斗目标,通过多种方式进行沟通协作,并依靠"现代化信息技术"去搭建一个资源共享的平台。

随着全球经济的快速发展,科学技术的进步和日益成熟,不同的学科间以及科学技术和社会经济间的联系越来越密切,导致科学技术的创新和发展的增长点逐渐转变为"交叉学科"。一方面,比较重大的科学技术创新或是工程的创新常常需要配备先进的科研仪器、优秀的科研队伍,但是基于复合学科的"联合创作"却是当今知识信息时代最需要的创新——协同创新。在新时期,协同创新对我国高等学校开展创新创业教育也同样具有现实意义:首先,开展"协同创新"有利于我国在全面把握当今全球范围内科学技术创新的新趋势的基础上更有效地、更充分地发挥每个创新要素的"综合效应",从而实现创新资源的优化配置。总而言之,协同创新机制对我国高校新时期顺利开展创新创业教育提供了最基础的理论指导。

"协同创新"从整体上来讲是一项比较复杂的创新组织模式。它的关键在于构建一个恰当的机制和制度安排,要形成一种多元主体参与的协同创新、良性互动的创新模式。在这种创新模式下,高校和企业组织以及研究机构是核心要素,政府和金融机构以及中介组织等"实践平台"或者说非营利性组织是辅助要素,这些"知识创造主体"和"技术创新主体"双方彼此纵向合作并对资源进行某种整合,一种"系统叠加"的非线性效用就会随之出现。发展"协同创新"就要大力发展科学技术,不断提出创新办法和思路,建立一个分工明确、权责明确的实践平台,不断推动科技创新从而不断增强综合竞争力,在创新实践中不断取得"新技术""新知识"以及"新工艺"等方面的科研成绩。大体上,协同创新理论的主要特点有:一方面是整体性。协同创新强调要充分发挥每个创新要素的"综合效应",从而实现创新资源的优化配置,由此可知它需要的并不是各要素的简单相加而是各要素之间的紧密结合;此外,协同创新存在的方式、目标以及其功能均体现了"统一的整体性"。另一方面是动态性。"协同创新"从整体上来讲是一项比较复杂的创新组织模式,而这个模式要求形成一种多元主体参与的协同创新、良性互动的创新模式,高校和科研机构等"知识创造主体"和企业等"技术创新主体"双方彼此深入合作,进行资源整合。这个过程必然是动态的,不断变化的。

2)"2011"计划

所谓的"2011 计划"是"高等学校创新能力提升计划"的简称,这个周期为四年的计划于 2012 年正式启动实施,以构建协同创新模式,推动我国高校与政府以及企业的合作,营造一种协同创新的氛围为目标去建立一批"2011 协同创新中心"。此外,"2011 计划"还要求国内各高校要以"国家急需、世界一流"作为终极发展目标;争取以协同创新来引领当今知识经济新时代的方向从而提升高校的整体创新能力;让高校能够处在国内教育事业发展的战略高度上努力提升自身"科技、人才与课程"三位一体的创新能力。而我国高等教育作为创新创业人才的摇篮,发挥其在社会创新发展进程中的重要作用十分关键。总而言之,"2011 计划"协同创新模式是以推动我国高校与政府以及企业的合作,营造一种协同创新的氛围为目标的创新模式,同时也是一种面向学科前沿、社会发展的创新模式,是借助科学研究和课程发展以及创新创业者训练密切联系的方法,从而实现提高高校毕业生创新创业能力和培养高校高质量创新创业人才的目标。

2.2.4　个性化教育理论和人的全面发展理论

1）个性化教育理论

当今社会是一个崇尚尊重注重发展个性的新社会，"个性化教育"是新时代下的产物，顺应时代发展的潮流，已经成为当前知识经济时代背景下世界教育改革的主要趋势，引发了世界范围内的教育改革思潮。世界上大多数的国家都认为"个性化教育"是一个国家教育迈向现代化的重大标志，引领当今教育领域改革方向，而个性化教育理论主要强调的便是教育主体的多元化以及个性化。所谓差异化和个性化就是指每个人都会因为自身生理或心理因素，如遗传特征、生活环境、教育环境等等，而存在差异。个性化教育最大的特点就是它承认受教者在各个方面存在差异，这种差异集中体现在个体在心理、生理以及社会背景等各个方面所存在的差异。在此基础上，个性化教育理论会根据这种差异为个体制定特定的适合受教人自身特点的发展方案，从而让个体能够更快更好地适应新的有针对性的教育模式，继而促进个体的全面发展。总之，个性化教育理论就是在承认个体因智力等生理方面和成长环境等心理方面存在差异的前提下，既能有教无类，也能因材施教，从而使每个个体的个性充分发展，继而都能得到全面发展。比如我国的高等院校就是这样。同样的，在进行创业教育实践的过程中也应该留意这种差异。这种教育理论它自身强调或者说是重视高校不同学生所表现的特性认为要想充分发挥高校及其学生自身优势资源、突破传统的教育模式的僵化、从而使得学生的个性得到充分发挥，最终实现自身的全面发展来更好更快地适应信息经济时代的要求，就要依托个性教育理论，立足现实情况，以个体个性为出发点，有针对性地设计适合个体的发展方案，具体包括教育的模式、内容、目标等等。

2）人的全面发展理论

马克思认为，人的全面发展的基础就是智力劳动与体力劳动的结合体。他对于"人的全面发展"的独特理论大体上可以分为以下几个方面：第一，只有人的体力、智力得到了充分发展，人的全面发展才有可能实现，换句话说就是个体体、智的充分发展是人自身全面发展的基础。第二，只有当人自身的道德和本性得到充分发展，人的全面发展才会实现。马克思关于人的全面发展的理论强调，一个人要想成为自由发展的人就要充分地发挥自身全部的能力和资源,从而达到人的类特性和社会性以及个体个性的协调发展。马克思的这些人的全面发展的理论和思想对于当今社会培养创新型人才仍有重大的现实意义。以我国为例:当前,我国教育领域改革全面兴起,而"全面发展"则是我国教育界改革的重要指导方针。鉴于马克思的全面发展理论,我国教育界所理解的"人的全面发展"有两方面内容:一方面,所谓全面发展一般是指一个人的德、智、体、美、劳等五个部分的均匀平衡发展,是脑力劳动和体力劳动的完美结合;另一方面是指每个个体各方面的能力和才华都能够最大限度地充分发展。而我国传统的教育模式最大的缺点就是填鸭式教学方法:单方面地向学生输送各类知识,把学生当作没有自我判断力、自我思考能力以及思想情感的机器。这种教育模式是典型的忽视学生自我发展能力,挤占学生自我发展空间,这种模式往小方面讲无疑会对学生的全面发展产生不利的消极影响,阻碍了学生自我潜力的发挥和创新能力的提高;而往大的方面则是与当代社会更多的是需要创新型多面性人才的现实情况背道而驰。个性化教育理论认为每个个体都是不一样的存在,总会有这样或那样的差异,所以它强调的是在教育过程中要格外注重个体特性和潜能的充分发展。而"全面发展教育"是比较注重学生的整体素质的发展,在学生掌握扎实的理论学习的基础上通过各种各样的活动形式去营造一种良好的学习、发展环境,从而使得学生自身能够在社会实践中学以致用,更好更快地适应现代社会对多功能人才和复合型人才的现状,为每个学生的全面发展、充分发展提供可能。全面发展的教育模式遵循了学生自身身心发展规律,能够最大程度上实现学生的全面发展,使其能够更好地适应当今知识经济时代对全能型人才的需求,更快地成为现实社会需要的"会生存、善学习、勇创新"的复合型人才。

事实上,"个性化教育"和"全面发展"这两种教育理论是相辅相成的关系:二者既有相通之处,又有各自的独特之处。比如个性化教育理论主要强调的是个体个性的发展,从这方面讲它是全面发展教育理论的一个方面,是一种更精细化、更高层次的全面发展表现形式;而全面发展教育理论则是更注重个体全面的整体的全方位的发展。二者之间并不是相互排斥的关系,而是共性与个性、你中有我我中有你的渗透或结合的关系。只有将"个性化教育"和"全面教育"紧密结合起来,个体的个性发展和全面发展的实现才有可能。而创新创业教育就是强调在个体的全面可持续发展的基础上进一步地实现个体个性化发展。换句话讲,就是要了解个体特性发展规律前提下促进学生个体在德、智、体、美、劳等方面的全面发展,实现共性与个性的均衡发展。比如,现在的知识信息经济时代要求高校的创新创业教育要在尊重每个学生个性的前提下去促进其不断提高创新和创业能力,实现自身的全面发展。

总之,马克思主义关于人的全面发展的理论总体上给高校学生的全面发展奠定了理论基础。创新创业教育就是在这样的理论基础上形成的,是反映当今"知识信息时代"特征的一种全新的教育理念和教育模式,从而成为指导我国当前高校教育改革实践的理论依据。

2.3　创业教育发展历程

2.3.1　以美国为代表的国外创业教育的整体发展状况

世界范围内的创业教育是从 1919 年美国的霍勒斯·摩西建立"青年商业社"来开展业余的商业教育时开始的。总体上可以划分为三个阶段:第一阶段是 1919—1947 年针对中学而开设的"商业实践教育";第二阶段是 1947—1967 年专门为大学而设立的比较正规的课程教育;第三阶段是 1967 年至今的大学理论化、系统化的课程教育和专业教育以及学位教育。总之,这三个阶段总体上概括了创业教育系统化、体系化、由感性升华为理性的过程。

上面所讲的创业教育的升华过程是一个相对来说比较完整的过程,这点集中体现在美国的各大高校里面。此外,美国的创业教育活动一直都居于世界的前列地位。从 20 世纪 20 年代至 80 年代,美国的创业教育完成了一个重大转变:中学的"商业教育"转变成大学的"创业教育";从 80 年代开始,美国的创业教育便达到了规范化以及专业化,与其相配套的课外实践教育和开放式教育也迅速地展开。

1）美国高校创业教育的发展历程

整体上,美国的创业教育始于 20 世纪 40 年代,而学术界则是统一将哈佛商学院 1947 年首开创业教育课程这一事件作为美国创业教育开端的标志,并将整个发展历程分为三个时期。

　　起步期(1947—1970年),历来视教育为立国之本、发展为强国之路的美国为创业教育的诞生创造了一个良好的环境氛围。在这样的社会背景和经济条件下,哈佛大学开设的"新企业的管理"应运而生,这一事件标志着美国创业教育的诞生。随着创业教育课程第一次在大学出现,一些与企业有关的书籍、创业类杂志等相继出版发行。然而这在当时的时代背景下却并没有起到什么大的效果,即创业教育还不存在什么影响力。随后又因为刚刚历经经济"大萧条",美国创业教育发展的各种"硬件""软件"还不具备,因此在20世纪50年,美国创业教育停滞不前。随后的20年中,"新科技革命"的发展促进了美国经济的快速发展,跨国公司等现代企业组织逐渐发展壮大,这就导致了刚刚创业的小企业生存艰难,同时也一定程度上抑制了创业教育的发展。

　　发展期(1970—2000年),70年代以后是美国经济的"滞涨"时期。这一阶段,经济发展极其缓慢,全国只有寥寥无几的学校有开设"创业课程",创业氛围一度低迷。在信奉自由主义经济的背景下,美国政府出台了一系列扶持小企业的法律法规。小企业的地位由此得到极大的提升,这无疑刺激了社会和市场对创业人才的需要。比如硅谷创业者的成功就极大地刺激了美国高校大学生的创业热潮,由此美国越来越多的高校都陆续开始开设"创业教育"这门课程。创业教育由此得到社会范围内更多的关注和重视,这点集中表现为越来越多创业团体涌现、各种有关创业的杂志期刊发行等等。可以毫不夸张地说,这一时期是创业教育发展的"黄金时期"。

　　成熟期(2000年至今),21世纪是美国的创业教育逐渐成熟的阶段。从整体上看:一个良好的具有支持性的创业教育环境已经形成,不仅政府颁布了一些有利于创业教育发展的社会经济政策,就连社会上的高校与企业的合作项目也不断涌现,可以说这个时期美国整个社会都进入了大众创业的时代。具体来讲,创业教育的稳定成熟则集中体现在高校建立了一套系统化的创业教育体系。纵观美国创业教育的整个发展历程,不难发现其创业教育的发展与企业的生存发展状况紧密相关。一方面,大企业受企业家精神的影响在新的经济形势下逐步向小企业发展;另一方面,小企业的发展不仅能够解决就业压力、推动经济的发展,还能为创业教育的发展提供牢固的社会基础,同时促进高校创业教育的发展。总而言之,经过60多年的发展,美国的创业教育在社会经济、政治以及文化的影响下业已成熟。

2）美国的创新创业教育发展经验

首先是较为完善的创新创业教育体系。关于创业教育理论的研究，美国早已开始且已有许多年的历史。至于创新教育，美国学术界研究得早之又早。而"创业学"和"创新学"早已成为美国众多高校商学院中发展最快的学科。当前，美国许多高校都也已陆续开设了有关创新创业教育的课程，大多数高等院校还专门成立了专职的创新创业教育机构，使得创新创业教育逐渐被纳入到美国的整个国民教育体系之中，从而形成一个较为完善的教学研究体系。此外，它的内容主要包括了从小学、初中和高中以及大学本科甚至研究生的各层级正规教育。

其次是高品质的师资团队。不同于其他国家，美国的高等院校在创办创新创业教育时为了保证其能够良好地运行，专门集中优势资源形成了强大的师资力量。比如美国大部分的高校商学院专门高薪返聘那些比较有教学经验和创业实践的老教授，或是一些以前或当前正在任职某知名企业的"外部"董事们，那些较有创业实践经历的风险投资家、创业以及实业家等也是其邀请对象。因为这些人往往具有较准确的观察判断能力，也有许多创新和创业的实践经历，知道如何正确地去创建、经营以及管理一家公司，精准地把握当下创业领域的实践发展趋势、创新创业教育的社会需求变化。让这些商业界的精英们通过短期教学的形式间接地参与高校大学生的创新创业实践项目，从而为高校的创新创业教育开展提供正确的方向与路径，极大地丰富了高校创业类课程的教学内容。

第三是美国大部分高等院校都已经建立了较为完备的系统的创新创业教育课程体系。这些课程不仅良多而且内容也很广泛，涉及了社会领域的方方面面。比如说创业意识和创新精神的培养、企业建立和规划、企业经营与管理等等。此外，美国的高等院校尤其看重社会实践，强调学以致用。因此，大多数高校在开设理论课程后都会创建自己的创业中心或创业协会等创业机构，在全校范围内创造一种浓烈的创新创业环境，从而给广大学生提供一个良好的实践平台。

第四是美国高校比较注重增强学生的实践能力和创新创业能力。美国历来是一个崇尚自由和独立的民族，这样的民族文化给美国的高校大学生的创新创业教育和活动创造了一个良好的发展环境，使得美国各大高校在开办创新创业教育理论课程的同时，依据创新创业教育本身就和创新创业活动紧密相关的特性更注重让学生学以致用,让他们在实践中不断地增强自身创新和创业能力。总之,这种自由、平等、独立、创新的文化背景使得美国高校的创新创业教育成功得到来自社会四面八方的支援,比如诸多杰出校友、政府、实业家以及非政府组织等全社会的资源支持。

第五是美国高校开展创新创业教育最大的优势便是充足的资金。美国经济发展一直处在世界先进行列,因此其创新创业教育发展的资金比较丰富,包括私人投资以及企业捐赠等途径。此外,政府也专门为创新创业教育的发展提供教学基金,激励高校大学生积极创新、创业,从而更大程度上地资助高校的创新创业活动和项目的顺利开展。总之,美国的高校和企业以及政府三者之间通过形成一个"高校、企业和政府"良性互动的创新创业生态系统,都在某种程度上给那些有创业意愿的大学生提供了很多有利的资源帮助和支持,从而保证高校创新创业教育的顺利发展。比如便捷简单的创业手续、充沛的资金支持以及健全的信用制度等支持。为创新创业教育的实现提供有力保障。

2.3.2 国内高校创业教育旳发展历程

1) 国内创业教育发展状况

我国第一次提出"创业教育"的概念是源于 1989 年柯林博尔在"面向二十一世纪国际教育发展趋势研讨会"上提出的"事业心和进取心教育",我国则普遍翻译为"创业教育"。然而当时却对高等教育影响甚微。事实上,真正开启了高校创业教育新纪元的是清华大学首次举办的创业计划大赛。整个历程总体上可以分为以下几个阶段。

自发探索阶段(1998—2002 年)。国内清华大学首次创办创业计划大赛时,我国高校创业教育就进入了自发探索的新阶段。以比赛为依托的把开展大学生科技创新活动、促进当代大学生个性发展作为目的计划的大赛引发了诸多高校独立自主地探索创业教育的热潮。如:武汉大学为了全面提高学校的教学水平和学生的创业能力与素质开展了"创业""创新"和"创造"等三创教育;复旦大学则是创造性地把"创业教育"融汇到学校的教学课程体系中,还在此基础上设立了各类基金来激励大学生踊跃参加科技创新项目;国内的许多其他高校也竞相模仿,不断开展各类型的创新创业项目来激发学生的创业热情,引发高校毕业生创业热潮。20 世纪末期,我国颁布了

《面向二十一世纪教育振兴行动计划》。计划中提到要推动高新技术产业的快速发展,高校高科技产业化工程是一条捷径;各高校要不断加强"成果转化"和"产学结合",培训符合条件的学生并积极引导其在高新技术方面进行创新型创业,充分利用自身优势资源服务于我国的产业结构调整,引领国内高校创业教育的发展方向,营造浓厚的创业教育氛围。后来的三年期间,国内创新创业教育领域掀起一阵创业狂潮:先是国家相关部委联合创办了第一届"挑战杯"创业大赛,随后是上海交通大学举行的第二届"挑战杯"创业大赛。再后来是清华大学第二届大学生创业大赛也相继举办并成立了创新实验区来进一步发展创新教育。总而言之,这一阶段是高校独立自主探索创业教育时期,虽然政府部门在这个过程中给予了其一定的重视,比如政策和财政支持,然而总体上讲这一阶段的创业教育有些过于重视活动形式而很少去研究探索创业教育的课程体系,严重缺乏规范性。

教育部门引导下的多元探索阶段(2002 年至今)。创业教育转入政府与学校共同探索的新阶段是以 2002 年教育部召开的"全国高等院校创业教育试点工作会议"为标志的。此次会议的主题是"创业教育"。而全国首次对创业教育教师进行的系统培训是于北京举办的教育部的首期创业教育骨干教师培训班。清华大学等九所国内高校也被确定为创业教育的试点高校。党和政府对创业教育越来越重视,这些都集中表现在教育部印发的关于大学生就业工作的指导文件中。教育部高教司认为,为了更好地培养高校大学生的创新创业能力和基本素质,就要特别开展各种创业培训活动。这无疑给国内高校创业教育的发展指明了道路。在这样的背景下,各试点院校在教育部门引导下充分利用自身优势积极探索创业教育并取得了巨大的成绩。总之,我国高校创业教育经过十多年的发展已经取得了较为突出的成绩,如共青团中央和国际劳工组织合作的创业教育项目在我国的迅速发展等等。然而我国高校创业教育发展的道路仍然任重道远,但是相信在我国政府部门和教育部门以及各高校的积极合作中,创业教育定会步入到一个多元促进的新阶段。

2）我国大学生创业教育发展历程

我国的大学生创业教育总体经历了一个从无到有、从萌芽到逐步发展的历程,大概分为四个阶段。

第一个阶段为 1978 年以前的空白期。改革开放之前,我国实行计划经济,经济基础决定上层建筑,文化教育自然会受到经济的影响,因而国内高等教育无论是招生还是就业都是严格按计划行事,带有非常浓厚的计划经济色彩。这一时期学校按指令性计划招生,学生按照计划分配。所以谈不上有什么大学生创业,至于大学生创业教育那就更是处于空白的状态了。

第二个阶段是大学生创业教育萌芽时期。中共中央颁布了《中共中央关于教育体制改革的决定》标志着我国高等学校毕业生就业政策的改革。该《决定》使得高校毕业生的就业不再分配,大部分大学生不得不开始自己找工作,但是开始进行创业实践的毕业生寥寥无几。我国自成为联合国教科文组织"创业教育"项目的成员国起,就开始了试点创业教育。然而这项试点教育并未取得显著成效,由于涉及面比较窄,只有少部分高校专门为毕业生开设了就业指导课程,但是总体来说我国的试点创业教育还是有一定的成效,比如它从理论、实践等两个方面很好地促进了我国创业教育的发展。然而由于这样或那样的原因,这项试点教育最终并没有继续下去,因而我国的创业教育也并没有真正开展起来。

第三个阶段是高校自主探索时期。自国内清华大学首次举行的创业计划比赛起,我国高校创业教育便进入了"自发探索"的新阶段,这是我国高等院校自主探索创业教育的开端。以比赛为依托的把开展大学生科技创新活动、促进当代大学生个性发展作为目的计划大赛普及了必要的创业知识并倡导了一种全新的创业理念,对高校大学生有良好示范作用,对全国各类高校影响甚大,由此引发了诸多高校独立自主地摸索"创业教育"的狂潮。例如,武汉大学为了全面提高学校的教学水平和学生的创业能力与素质开展了"创业""创新"和"创造"等三创教育;复旦大学则是创造性地把"创业教育"融汇到学校的教学课程体系中,还在此基础上设立了各类基金来激励大学生踊跃参加科技创新项目;国内的许多其他高校也竞相模仿,不断开展各类型的创新创业项目来激发学生的创业热情,引发高校毕业生创业热潮。

第四个阶段是创业教育试点和发展阶段。清华大学以及中国人民大学等9所国内高校也被教育部确定为创业教育的试点院校。党和政府对创业教育也越来越重视,这些都集中表现在教育部印发的关于大学生就业工作的指导文件中。比如政府给予这些高校高额创业资金补贴以及相关政策优惠支持等,希望这些受支持的试点高校能够引领国内其他高校的创业教育发展方向及路径,更能够去积极地探索出一套行之有效的实践模式。总之,在这个阶段各试点院校在我国政府以及教育部门的引导下充分利用自身优势,通过各种形式去探索创业教育模式与路径,经过多年的发展也已形成一套相对完备的理论体系和实践基础。而国内其他高校则是在教育部和试点高校的示范性模式下开始实践,甚至一部分高校也开设了较为系统化的大学生创业教育课程。这些都标志着我国进入了大学生创业教育的一个全新的发展阶段。

第 3 章

创新与创业教育的内在机制

3.1 创新教育与创业教育的契合关系

3.1.1 创新教育与创业教育的特点

"创新"即建立一种新的生产模式,即把新的生产水平和与之配套的生产要素引入生产活动中,其作为人类生活中在认知与行动方面的能力表现,是人类能动性较高级的表达形式,也是国家进步与民族兴盛的动力。创业有两种意义上的区别:第一种创业在一般意义上是指重新创建一个全新公司;第二种通常意义上指创造新产业的一个过程。创新是创业的必要条件和源头,也是其中心环节,是创业的标杆归宿;而创业是创新的表达形式和强大摇篮,是创新的目的和最终目标;所以创业的不断发展反之也会推动创新的继续升温。创新与创业既存在着区别又有着联系,"创新更多的是在思维层面的推陈出新、勇于尝试、锐意进取、精神和态度的大胆开拓;创业更多表现在行动上,在社会政治、经济、文化等相关领域里发展新企业和新事业、开展新业务,从而实现新服务或新商品的机会被识别和挖掘出来,实现他人或社会缔造、产出新财富与新价值的全过程"。

1) 创新教育的特征

探究性。创新教育不能缺少对矛盾的深刻理解。在实际生活当中,如果缺少对矛盾的讨论,就不可能有学生的积极活动和学生对各方面能力的调动。综上来说,没有讨论就不会产生创造性的活动。所以讨论探究是进行创新教育关键的部分。要学会鼓励学生进行独立能力的发展,同时也要运用各种有利途径来培养学生的创新性思考习惯和创新性学习能力的品格。

开放性。总体来说创新教育不是故步自封的活动,因而不能只局限于学校、限制在书本中、束缚在教师的命令的范围内。要敢于鼓励学生放开眼界,发挥出创造的潜能。若按传统做法即以自我为中心的方式,充其量只是按照老师的要求去记住课本知识,不会有学生独立的创新。要想实现创新,教育就必须注重生动形象地联系学生实际的现实生活,联系生活百态,关注政治经济等有广度的事物。不仅要吸收新知识、新信息,让教育内容反映学科的最新动态,还要不断地消化与吸收。另外还要引导学生运用知识与现实生活的能力,使学生从中获得深刻的实践知识。学生在学习研究上的开放,对创新来说至关重要,应当激励和引导学生打破传统教学魔镜,根据自己的实际情况,通过课外读书和参与课外活动来扩充自己的能力和开阔眼界。

民主性。创新要求有民主的气息,让学生感到自己像鸟儿一样的无拘无束,才会自由自在地讨论、思考,提出大胆的理论设想,大胆地发表自己的意见,才会独立实践,才有可能创新,实现事物的新发展。如果没有民主,学生会感到没有安全感,不能独立思考,甚至于过分依赖于老师,个人的才智与激情都会被限制,只能表现出迟钝的表情与思想,这将与民主完全不相符合,所以民主性是创新教育不可或缺的重要因素。

超越性。就目前看来,创新教育核心上是鼓励和引导学生在教育的基础上不断发展。它包含超越遭遇的障碍、困难去获得新事物,并超越令人不满的现状去改变客观物质世界,建设一个新的理想世界并超越现实的自我行为方式,使自己的综合素质获得提高。如果老师的教学与教育一味地恪守常规、按书本教学,不能满怀热情地引导学生往正确的方向走,并没有对其进行一系列的积极行为进行创新,就绝对不可能有进步创新。如果想要获得胜利还要敢于直面改变现实生活中的种种矛盾,更重要的是不要故步自封,而是要完善个人水平提高自身各种能力。重视矛盾的两个方面,促进学生直面自我,并不断积极向上使之树立人生的正确价值观,从而实现人生的价值,实现自己的理想。

全面性。可以这样说,创新教育的提出是要引导学生掌握大量的信息,以此来挖掘学生各方面的才能,使学生在各方面得到长足的进步,这是学生得以创新的基石或者说是源头。要尽可能地开拓学生知识面,以多取胜,而不是从一而终,要使他们懂得对知识的渴望。在生活上,不可重视一个方面,而忽视精神上的培养;在认知上,又不可单看重意识程度上这方面的问题,而忽视认知结构等能力的培养;在思维上,也不可只单看重其逻辑能力,或是侧重以形象意识为基石的发散思维。创新不能只靠某一两种素质,而要靠综合素质来将一个人的全部能力武装起来,用于解决矛盾,才能真正得到发展。全面性指的并非全部要点,而要立足实际。

综上所述,创新是一个民族的精神砥柱,也是国家兴盛发达的源泉动力,创新与创新教育从未像当今如此重要地被社会和国家重视。大学生应挑起大梁,在培育培养创新性人才和民族创新精神方面努力,重新创造中华民族的辉煌。

2)创业教育的特征

创新性。我国高校创新教育是在国内国外愈发激烈的竞争态势下产生并发展起来的,是时代发展到一定程度上应运而生的产物,其上层建筑体制机制需要不断探索、创新和持续讨论。创业教育面临的矛盾也对人才培养模式的改革和高等教育的改革提出创新要求,并不断增加新的研究方向。对这一新领域的研究和探索也需要在各种形式上进行体制创新。

教育性。这是一个非常重要的特征,创业教育的目标虽是教育学生在复杂的环境中开创和获得未来工作事业的能力,很明显带有强烈的实践、社会性等特点,但仍然需通过不断推陈出新的手段来实现促成,要通过一系列的教科书内容和教育手段,同时要对其完成对形式内容的创新,才能实现一定的教育目的。

科学性。创业教育需要遵循客观规律,遵循教育科学的程序,采用科学、合理的方法,有规律地传授给学生创业的方法论,从而有规律地开展创业活动避免创业中出现的矛盾从而规避风险。

实践性。创业教育是具有一定的实践性的,它不能单单停留在意识层面上,而是在学习的同时,还要与创业实践活动相结合,通过合适的方法论和手段,使学生慢慢积累实践经验。由于创业教育的最终目的还是要用于实践,因而在加强理论教学同时,应注重实践性中的一些课程,着重提高学生的操作能力。学生跟随老师的步伐,一方面可以实现创业教育的目标,以开展独立的工作教育活动,另一方面也能通过社会生活,为有实践想法的人提供更加人性化的舞台。

社会性。创业教育当然离不开社会,社会环境是创业教育的主要矛盾,创业教育要受制于社会大环境的多种因素重重影响。例如,其受政府在经济、科技、宏观调控方面的政策影响,当然也需要企业和其他社会有关方面的支持。此外,创业教育也具有重要的跨时代意义,它不仅可以创造更多的就业机会,在经济上提供支持,实现科技创新,减轻社会就业压力,还能帮助国家更好地发展经济,同时也为社会带来更多的福利。

总而言之,创业教育是在新的社会、经济、科技、就业环境应运而生的,它显现出当今国家的主要矛盾,是对国家政策的一个新要求。创业教育不同于其他类型的教育,它是以社会新阶段为母体在当今时代发展而来的,因此,创业教育有着他自身的时代特征。

3.1.2　创新教育与创业教育的关系

创新与创业教育两者间的关系至关重要,创新教育是基于培养学生创新的综合素质以培养创新型人才为目的的一种教育实践。创业教育是指培育学生思维和技能的一种教育活动,主要表现在教会学生发挥主观能动性的途径和方法。创新教育与创业教育二者的方向相同,都是为了培养学生的创新精神和实践能力,总体把握对人的素质分析,但创业教育更突出如何实现人生自我价值。这两种不同理念,尽管在提出问题时存在一些矛盾,但两者所表现出的这一历史性的课题在新时代备受关注,印证了我国正大力推进并开展的素质教育方向是完全正确的。创业教育与创新教育在目标取向等多个方面存在着密切联系,两者既息息相通互为共生关系又辩证统一,创业教育以创新教育为最终目标,其目标是培养具有创新意识和创新精神的人。注重素质教育最终成为创新型人才,这是适应国家的社会经济发展和效益的瓶颈所在。

创新教育与创业教育是辩证统一的关系。创业教育必须以创新为依托,创业教育是创新教育的多方位表达形式,而且也强调了对人才的多方位的培养。有教授系统说明了创新教育和创业教育的二者的矛盾,明确指出教育为创业之母,而创业教育的目标是要培养学生的各方面的综合能力,"创业教育其实上就是创新教育的延伸与实用化,也是一种更高层次的素质教育"。创新教育和创业教育是相互依存的关系同退同进,其在整体培养目标上和时代精神上都有内在一致性。当然,两者也存在着差别,创新教育注重的是对人的素质发展的总体把握,而创业教育是培养开拓人,更注重自我价值的提升。

1) 创新教育与创业教育的内在一致性

整体培养目标上的一致性。创新教育的目标是要实现社会发展所要求的创新型人才,因此,培养学生独立自主的创业基本素质,需要的不仅是毕业生之后的就业与创业,还需要一些独立自主的社会适应能力。创新创业教育的中心环节是培养具有开拓创新的人才,创业教育和创新教育与以往的教育模式不同,其更看重对精神和意识领域的教育,两者在培养人才的能力要求上互通有无,在培养的总体目标上也是一样。

时代精神体现上的一致性。知识经济不断发展,使得意识资源被摆到了前所未有的高度,知识效应链条展现出强大动力。处在知识经济时代的人想有所作为,就必须要具备创新意识和能力,想在未来社会拥有更强的生存技能,就要具备开拓和创业精神,掌握综合学习技能的能力,这不仅是当今大学生的机会也是对他们的要求。创新教育和创业教育两者都是人类创造力的展开,实现为国家的利益进行奉献,为未来打下良好的基础,最终实现人类社会的繁荣,被赋予了深刻的时代意义,同时也反映出教育对于时代和社会变革所做出的贡献。因而要把教育眼光放高,展望未来,这样的话其对时代的把握也非常清晰,创新与创业教育的一致性就表现在时代性。

对人的本质追求上的一致性。尊重学生的个性发展是创新教育和创新创业教育的很好诠释,都是在帮助学生的发展并为其提供相应的物质保障,属于方法论意义上的指示,从对不同方面的强化中可以看出两者都是重点培养学生的自我发展和终身学习的能力,是向关注学生在现实能力基础上对潜力源头挖掘上的靠拢,塑造个体内心的精神原动力及独立的个性品质,都属于对现实教育的一种反思。在师生观上树立良好的师生关系,对学生的各种感情给以应有的重视,有本书中就指出"教育的基本作用,比任何时候都关注保证人人享有为充分表达自己的才能和尽可能掌握自己的命运而需要的思想、感性和想象、判断方面的自由。"创新和创业教育目的都在于实现人类社会的发展,实现人的自由而全面的发展,都是对教育真谛演绎。

2) 教育与创业教育的区别

人才培养要求不同。创新教育的初衷是培养学生实践水平和实践能力,从而使得其根据自身特点实现充分发展,而创业教育则以学生的创业精神与能力为基础,帮助其在创新领域获得成功。因此,实施素质教育就要开展创新教育,使得素质教育与时代要求相呼应。

展现的用途不同。创业教育不能取代创新教育。第一,文化继承发展中越来越得到人们的重视;第二,表现在更加注重对人才创新的重视和服务的意识。创业教育要协调各方有序结合,并不是创业教育优于创新教育,而是要培养大学生的创新意识,力争对传统教育实现取其精华,去其糟粕。

实现的途径不同。创新教育其新型的指导思想,需要有舞台去实现自身的创新,只有完善包括创业特点、创业思维、创业知识和创业能力等方面的课程体系,在实践方面的一些学科课程、参与活动课程、关于创业实践的课程、创业环境课程等,才能使创新教育更好地涉及诸多应用类学科,

综上所述,创新教育和创业教育二者属于矛盾的两个方面,显示出了两者辩证统一的关系和自身特性。创新教育和创业教育都是对以往教育的总结,是完善教育的一种措施手段,二者都是在历史新阶段中提出来的,是适应时代潮流的必由之路。这种必然选择充分彰显了时代气息,也是对人的发展在针对教育方面的一种客观要求,创新教育是创业教育之母,素质教育新的出发点就是创业教育。由此观之,把创新教育与创业教育的充分结合作为创新素质培养的基石,能够更加彰显创业教育的时代价值,以此来提升学生的各种创业能力,让教育与社会现实有机统一,从而更好地为我国的经济、科学技术水平贡献力量。

3.2　创新教育与创业教育契合的条件

创业教育以创新教育为基石,创业教育首要任务是要培育学生的各项创新能力并不断提高创新意识与思维结构,形成有创新思想的学生,另外,还需要教给学生知识与技能,锻炼培养其创业心理品质,训练其在社会市场上的发展运营技能。创业教育是创新教育的社会实现和实用化,反映了经济社会发展对当代人才的新要求,创业教育的成功实践通过创业提高社会就业率,可以转变大学生的就业观,为社会稳定做出贡献,但两者也存在着差别。"创新教育注重的是对人的发展的总体把握,其更侧偏向于对创新思维的培育。而创业教育则更看重如何获得人的自我价值,侧重于社会实践

能力的培养。但两者的共性要大于其个性"。

创新教育与创业教育是两个辩证统一的教育理念,你中有我,我中有你,从创新教育与创业教育两者的矛盾关系中可以看出,二者的目标取向具有一致性,都是为了培养学生的创新精神与实践技能,都是为了促进新时代的发展,都是大力推动实施素质教育的核心和关键内容。创新创业教育是一个统一且完整的系统。为实现两者的契合,需要做到以下几个方面:

3.2.1 清晰定位创新创业教育学科

评估教育程度就必须对其进行学科定位,这是一个重要的衡量标尺。大学教育的一个重要内容就是进行创新创业教育,其在学科地位上是至高无上的。但目前现有企业管理、技术和经济科技或是从事创新创业教育在很多学校中,没有把创新创业能力即创造力和开创性当成高等教育的主流,这造成了很不好的局面,没有重视在教学管理方面存在的一些问题,创新创业教育瓶颈也使其更加边缘化。由于学科地位远离了实践,许多高校对大学生创新创业教育目标定位也渐渐地模糊了起来。

大学生在创新创业教育中表现出来的"学生老板"情况很普遍,一个个学生老板是在企业家成长的教育活动中开展大学生创业教育活动中逐渐形成的,这是一种不符合可持续发展的现象,无法满足经济发展中的供求关系。美国有教授曾经指出,高校的创业教育与生活上单纯为了经济问题的就业培训不同,不应该是快速让他们当老板,而是需要着眼于"人才的可持续发展战略"。

大多数人认为创新创业教育仅仅局限于技术创新,在我国自主创新这一伟大进程下,国内高等院校也开始行动起来培养技术创新的新型高技术人才,那么在谈到大学生创业教育时,虽然会想到技术创新和高新技术方面,但却忽视了社会创新。我国实施的科教兴国战略需要技术创新,而且技术创新目前也确实成为大学生创业的火种,但高校大学生要把握市场创新不能单单关注技术创新,还要有思想和各方面的创新。

3.2.2 承认创新创业教育

创新创业教育覆盖面较窄。就目前来看,部分学生在高校的创新创业教育虽得到了部分收益,但未形成大学生创业整体受益。我国高校的创业教育开展于具有高级意义上的创业大赛,一小部分学生的优秀创业竞赛成绩才是学校的关注所在。但这些竞赛只是少数人参加的活动,如果把握不好,会产生极强的精英化印记,会在不经意间让大部分学生失望,使得其成为旁观者。学校设立的大学生创业俱乐部,如"创业社团",这些都是具有很高的门槛,是那些极少数优秀学生才可以加入的机构,另外的大多数学生会因为先天不足而被排除在外。

创新创业教育认识不清。有大量的资料表明,大学生是社会中拥有专业知识和创新能力的主力军。但是,大学生往往都表现出创业能力和经验不足,人际关系协调能力欠缺,应对压力的心理素质不强。因而,这样的学生在离开校园后最好不要去创办企业或者公司,不然就有失败的可能。反之,那些具有较强心理素质和一定工作经验的人去建立企业,不敢说完全成功,但至少失败率相较前者来看是很低的。

由此可见,大学创新创业教育不应该是只针对少数创办企业或公司的学生的针对技能性教育,而是需要面向全体学生的综合发展而设定的综合性素质教育。

3.2.3　完善创新创业教育的政策

近些年来,各级行政机关和教育机关都相继出台了扶持大学生创业的优惠体系,并为他们提供了有力保障。然而经过斟酌损益,还是能发现现行政策存在的这样或那样的诸多矛盾。

政策的制定不合适。实际上,大学生创业是一个庞大的有机整体,是具有系统性的工作,不能以偏概全地想当然,其也需要来自全社会的援助,更需要行政部门担负起主要责任。目前除了社保系统、教育系统、人事系统、公安系统以外,其他的系统例如经济方面的一些系统等,都还没出台相应的支持大学生创业的政策优惠。由于国内的市场准入标准过高,毕业生在进入市场后市场竞争规则不尽如人意,而且创业环境也过于恶劣,创业成果和知识产权也得不到妥善保护,创业的火种会瞬间熄灭,这些因素都会在大学生创业的体制机制中受到国家重点讨论和支持。

政策的执行力度不强。在大学生创业这个论题上,国家也出台很多政策,表示支持和扶持大学生创业,但具体落实到地方政府层面及有关单位,包括高校内部都没有严格贯彻执行。原因当然是多方面的,其中最重要的一点就是各级主管部门对支持大学生创业这个课题认识不足,也没有去认真学习国家的创业政策,更不能领会其意,制订相应的政策来完善与跟进了。总之,各有各的理由,各有的原因,不能一概而论,落实到具体层面就是支持大学生创业这个呼声很高,也喊了很多年,但截至目前,也就是喊喊口号而已,变成了一纸空文,没有落实到位。

创业就意味着开创新的事业,需要勇气与胆识。但由于我国高校长期以来教学采用的还是传统模式,即老师教学生学,各级政府和各个高校也是把就业和守业作为培养人才的目标,而忽略了对学生创新创业能力的培养。导致现在社会的现状是学历越高的人创业的越少,大部分在社会上开创了自己的事业,有自己的公司与企业的都是受教育程度不太高的人,好像这部分人由于学历不高,就业不能达到预期目标,被迫自己干得多。一度呈现"成绩一流的给二流的打工"的奇特景观。纵观社会现实,很多高校培养出来的高级人才毕业后都不敢去创业,顾虑很多,即便政府提供再好的创业政策,还是不敢去尝试。分析原因也就是他们缺乏对市场的敏感度以及勇气与决心。反倒是国外的大学生来中国创业的比较多,他们也是看到了中国人口众多,市场潜力巨大的优势。我国创业研究中心副主任清华大学教授高建也对我国的创业类型做了分析,他认为我国的创业类型是以生存型为主的而不是以机会型为主的。以上观点说明我国的高校教育出了问题,接受几年高校教育出来后,学生开拓创新的勇气和胆量都越发缺乏了。

3.2.4 依托社会实业界实现创新创业教育契合

由于创业存在一定风险,俗话说"万事开头难",特别是在创业初期,会很煎熬,可能要面临很多困难,各种考验。大学生本身刚出校门,社会阅历尚浅,经验不足,所以创业面临很大风险,不如找份工作来得轻松。再者,目前针对大学生创业的社会环境也不利,虽然对创新创业的教育理念宣传很广,但缺乏有效引导,还有各级政府对大学生创业的经济环境也没有给予足够的尊重与支持。创业资金的取得就是一个大问题,中小企业融资难的问题普遍存在,税收政策也没有优惠,工商行政管理部门对中小企业的设立门槛也不降反升。创业光有吃苦耐劳的精神是远远不够的,还要有勇挑重担,抗压受挫,开拓创新,承担风险这些奋斗精神,很明显当代大学生中的大部分人在这些方面还是欠缺的。

3.3　创新教育与创业教育契合的路径

要想改变高校教育的这些困境就要有合适的路径,需先定目标,然后寻找并制定出符合形势发展的方法和途径。这种合适的路径就是以提高和增强创新创业大学生的素质与能力为目标,设立行动方式和手段。高校要想设立出行之有效的创新创业教育路径,需要从三方面入手,包括学校、各级政府、大学生自身这些因素要完美结合形成一种合力。只有这三方面有力结合,互相沟通、协调,形成合作力量才能更好地完成目标。当然高校的创新创业教育不是一刀切,让每个学生都去创业,而是因材施教,鼓励那些有创新创业精神的大学生敢于尝试,勇于尝试,积极投身于创业大潮中,做时代的弄潮儿。同时培养大学生具备创新精神对他们以后的人生道路都有益处,不管去不去创业,即便去就业,具有这种素质的人也会在其工作岗位上很快崭露头角,成为主力。现在的大学生就是未来的接班人,祖国未来的希望,各个行业的领军人物,培养具有创新创业意识的大学生对我国高校在未来国际上竞争能力的提升也是很有必要的。

由此可见,高校和各级政府一定要制定全方位的战略目标,改变高校培养就业性人才的惯性,转而培养具有创新精神能自主创业的新型人才。高校管理层必须率先转变思路;高校老师也需要转变教学内容与形式,树立创新的观念;各级政府和社会其他保障机制也要加强创新与转型;学生思想观念也应转变,不再把毕业找好工作当做第一目标,而要有自己去创新,自己去创造就业岗位的思想。

3.3.1　转变教育理念正确认识创新创业教育

以培养全面发展的人为创新创业人才的培养目标。从高校的人才培养方面来看,呈金字塔形状,我国高校都热衷于培养高端人才,把大部分精力都用在培养金字塔尖的人才上。但从现今社会就业来看,一般企业所需人才都是以金字塔中底部的人才为主,所需岗位也都是一线工人居多,所以出现了就业岗位与实际培养的人才不匹配的现状。高校轻视金字塔中底部人才的培养也不是一朝一夕,高校教育重理论轻实践也已是不争的事实。由于长久以来大多数高校都不注重学生的开拓创新精神和为人处事方面的培养,更没有实训和操练,轻视创业型人才的培养,而是偏重于研究型和被动就业型人才的培养,致使培养出来的大学生动手能力弱,缺乏创新精神,不愿冒风险,不敢去创业,缺乏斗志与奋斗精神,走上社会后为人处世的能力也不足,到用人单位也是高不成低不就的,形成一种比较尴尬的局面。

解决以上困境的方法就是,让刚毕业的大学生先到基层岗位历练一段时间,锻炼一下意志力,经受些许磨炼,为以后走上更重要的工作岗位打好基础。如果自主创业,也要从底层做起,增加工作经验,打造专业基础知识,增强动手能力,在经历了实践、认识、再实践、再认识之后,大学生也要有把自己向具有创新创业精神的新型人才培养的决心。

大家都知道,一个优秀的具有创业精神的人才必须具备的东西,除了最基本的知识及技能外,还要有积极乐观、勇于向上的拼搏精神,自信的心态,顽强的意志,勇往直前的干劲,坚定的决心等。高校培养这种人才需要从以下几个方面着手:首先要以人为本,强调人的主观能动性,深挖每个学生的潜能;其次是培养学生的综合能力,把每个学生都培养成复合型人才,全面发展的四美新人;最后以培养学生的开创能力为主导,培养学生的事业心,进取心,多鼓励那些有创新创业意识的学生,并对他们这种意识加以保护。

高校的培养目标要着眼于基层,以人才市场提供的大部分就业岗位为参考,多培养金字塔中底部的实用型人才,把这些人才打造成敬业爱岗、诚实守信、勇于创新、敢于开创并且专业理论知识也学得好,外语流利,计算机操作熟练,在为人处事方面也不差的创新创业性高校。新时期的大学就应该重视基础知识的教育,拓宽口径,提高素质,善于创新,以培养能够自主创业、有个性有特色的人才为新的目标方向,争取建设一批高质量高素质的新型高校。

明确创新创业人才的知识结构与能力结构。创新创业人才的知识结构,主要体现在下面这些方面:职业知识的具备、相关专业的学习、经营管理能力的培养以及其他综合性知识的学习。其中职业和专业知识是大学生将来从事具体工作或相应的职业所必须具有的知识,与其所学专业、所从事的职业密切相关。经营管理能力是其将来从事经营管理工作所应有的知识储备。综合性知识是其以后走上社会,发展社会关系,处理各种事情的需要,包括下面这些知识内容:行政管理法规,国家制定的政策,工商管理、金融、税务、保险、人际关系及公共关系等方面的知识。与经营管理能力及综合能力一样,创新创业知识结构属于基础知识结构,而综合性知识和经营管理知识属于比较高层面并且价值重要的知识,这些知识结构具有社会关系运筹和内部资源配置的特征,多种知识必须结合使用,才能共同发挥作用。

在创新创业人才需具备的能力结构中,包含专业能力、职业能力、经营管理能力以及综合能力。其中专业和职业能力是一个人从事某一特定行业必须具备的专业技能,也是他在职业生涯中能够长盛不衰的生存必需,是维持生存与发展的最基本的谋生手段。并且这种专业知识与技能的高低也对其未来发展起到关键性作用,决定着他事业的成败。而一个人的经营管理水平是一个人综合能力的体现,是由时间、空间以及人、财、物所构成的合力组合以及如何科学地运筹和更好地配置优化结合在一起所引起的一种心理能量的显示,这是一种要求具有较高思维层次的创新创业能力。此外,综合性能力所包括的范围更广,有思维能力、观察能力、学习能力、社会组织能力、整体把控能力、处理和加工信息的能力、利用与创造机会的能力、是否擅于收集有用信息、并能综合利用这些信息的能力以及利用、适应、驾驭变化的能力,决策与用人的能力,关于交往、社会活动、公关能力等等。综合能力是所具有的创新创业能力中最高层次的能力,综合能力能够在更高层次上对工作的效率和成败产生重要影响。

改革高校中"封闭式"的人才培养模式。高校封闭式人才培养管理模式比较明显,缺少与外界交流。自己"闭门造车"也不了解用人单位到底需要什么样的人才,以及学生的实际需要,就按固有的模式盲目地进行专业课程的设计,没去人才市场进行调研也不管学校是否有上新专业的能力,就自己学校几个领导商量拍板,商定增加新专业就增加新专业。在教学模式上,还是采用旧传统,老师在上面教,学生在下面学,"填鸭式"教学。这种完全脱离社会实际的培养人才模式对社会需要培养拥有创新创业意识的新型人才的需求大相径庭,和新形势下新的办学模式极不相符。以后高校要实行"开放式"教学模式,改变以前的封闭状态。所谓的"开放式"教学,就是让高校打开校门办学,首先学校对外开放,与其他同行和社会各界加强沟通交流和合作,吸取众家之长,形成一种合力,为培养新时代的创新创业型人才服务;其次,高校自己内部各院系之间,教职工之间,师生之间,也要加强沟通与交流合作,实现高校内部的开放。

在全球经济与科学技术以及教育竞争愈发激烈的时期,我国社会主义市场经济体制变革和发展时期,我国高校要有市场观念,办学理念应和实际需求相符,放眼国际,放眼未来,理论联系实际,冲破守旧的壁垒,推倒人设的"围墙",用开放的眼光实行开放式办学,为高校提高国际竞争力树立新的办学理念。

确立以活动建构为本的学生发展观。开展创新教育就要树立科学的理念,正确处理好教师讲授和学生接收与活动构建之间的关系,确立以活动建构为本的学生发展观。

传统的教学模式都是以教师讲课为主、学生听讲为主的教学模式,这种模式有利于学生在课堂教学中接受大量知识,适应了"接收教育"的需要,但对学生课堂积极性的调动和学生主体地位的落实相当不利,同时也不利于对学生创新能力的培养。因此,确立以学生活动构建为主的教学模式就显得相当重要。以学生活动构建为主的教学模式,能够充分体现学生的生命力和丰富的个性,对学生自身个性的发展特别重要,也有利于学生主体地位的活动构建的充分落实。在一定程度上来说,教育是一项关乎人文关乎生命科学的大事,是一项崇高的事业,其中创新技能最是核心中的核心,活动建构更是实现这一核心价值的重要手段。

3.3.2 整合校内资源构建创新创业教育的实现机制

构建以创新创业过程作为核心的课程体系。高校进行创新创业教育,重要目标是为了培养具有创新和冒险精神以及具备开创精神,能够自己创业,独立工作,兼具社交、管理、专业技能的新型人才。为了我国创新创业教育的全面持续发展,需要从科学的角度认识创新创业教育的意义,进而对整个社会创业起到带动作用,构建出适应我国国情的创新创业教育课程体系。依照创新创业教育的定义以及其本身的实践特征,其主要核心内容包含以下四个方面:首要方面是创业理论,是对创业的经过和创业活动本身进行研究和分析,并使参与创业者学习并掌握创业的技巧及其有关的基本理论,借此了解创业的产生及发展规律;其次是创新能力,有创新才能有创业,创新是创业的初期萌动,是创业的核心内容;再者是创业精神,创业精神的重点是培养创业者在创业的过程中所要具备的非智力因素;最后是创业技能,通过对创业过程必须经历的过程和使用的方法进行分析研究,以此提高实践能力,积累必要的经验。以上四点就是构成创新创业教育体系的最基本框架,四者缺一不可。假如每一个有志于创业的人都可以接受这种创新创业教育,就会对整个社会创业的全面发展起到推动作用,会使创业者少走很多弯路,从而使创业之路走得更顺畅,也能提高创业者的激情与动力。对创新创业教育课程体系的构建中,要遵照创新和实用相结合的原则,关注学科与学科之间的交叉与渗透性。在学习先进结合自身的基础上,还需要做好以下几点:①增加基础课程的设置,适当减少专业课程的数量,并加强通识教育;②综合课程酌情增加,应该包含那些跨学科以及跨专业的课程,其中既要包含文科、理科和工科有机结合的课程,促使学生能够形成综合知识结构;③要建立相对完善的选修制度及学分制度,应该开设足够多的各种类型的选修课程供学生选修,给那些有余力跨学科、跨专业以及跨系选修课程的学生创造便利的条件,通过这些措施的实施,就能使学生在具有以专业知识结构为基础的同时又可以具备综合性知识结构;④创新创业课程需要独立开设,并且要有针对性地开设,不需要面面俱到。

大力加强产学研三方合作教育。由于创新创业课程具有很强的社会实践性,这就决定了一定要依靠外界的一些社会力量,不是仅仅依靠高校的封闭教育就能获得硕果的,要多与社会上企事业单位进行合作,设立教育实践培训基地,为创新创业教育搭建一个实践的平台,这也是我国高校从国外其他高校的创新创业教育里面受到的启发。实行创新创业教育,要走生产、学习、科研一体化的道路,不能单纯对学生进行说教,要为学生的创新创业提供示范性教育实践基地。高校走生产、教学、科研一体化的道路,是对未来创新教育的需要,是教育改革的重要组成部分。这里所说的"产"是指高等院校在搞知识创新的同时要学会把知识转换成生产力。这就需要通过推行导师制、科研训练计划以及科技孵化政策,"学"和"研"是要直接参与到经济建设之中的,理论与实践相结合,才能更好地为学生的创新创业活动提供非常良好的实验田。在进行实践活动的过程中,高校应该多聘请创业成功的企业家到学校进行演说,传授成功经验,必要的时候可以聘请这些社会上的成功人士担任学校的兼职教授,以便能更好更及时、准确地为同学们提供学术和科研方面的创业指导,最好拿他们创办企业的所属领域作为研究课题或用企业的一种产品进行合作开发,这样可以调动企业的积极性也可以通过这些渠道为高校筹得科研经费,同时高校老师和同学们也得到了锻炼,学到了知识,增加了实践技能练习。同时,在创新创业实践方面,在校学生在和企业家的接触过程中,也为致力于以后创业的同学钩织了一张很大的创业关系网,对这些同学来说将是一笔巨大的财富。

深化创新创业教育教学改革。创业教育不光在内容上,同时也体现在形式上,与传统的应试教育及传统就业的教育有很大区别。因此就要求国内高校的创业教育在学习国外高校先进经验的同时,还要进行学科创新,对创新创业教育改革要逐步深化,建设具备中国特色适合中国国情的创新创业教育特色。在开展教学实践中,也应该不光局限于行业和专业的课程,要让知识结构丰盛起来,对涉及专业也要尽量拓宽,使学生组建起适合自己个性的知识架构,依据自身需求自主选择学习内容。同时在教学知识及所学课程知识丰满的基础上,也要借鉴国外高校的成功经验,学习他们在创新创业教育实践中的一些新的有用的内容。国外高校的教学模式,是以短期讲学的方式上课,经常会邀请一些业界具有丰富实践经验的知名人士参与大学的创新创业教育项目。通过他们的授课,使学生们学到了很多在课堂上学不到的知识,也为学校的创新创业教育提供了独有的思维模式,注入了新鲜的血液,对课堂内容的丰盛大有裨益。国外的高校创新创业教育在教学形式上,课内除传统的教授讲课外,更鼓励采用小组讨论,让学生扮演其中角色,通过典型案例分析,进行一些商业游戏,邀请企业家开座谈会的方式用在课堂上。课堂气氛非常活跃,学生可以更直观更生动地学习到优秀企业家的创业精神、方法、过程和规律。课外,应用具体的创业案例进行教学,定期开展创业计划大赛,进行创业技术交流,开设创业教育专家讲座等多姿多彩的教学模式进行创新创业教育。同时,邀请创业成功人士直接与学生进行面对面的对话,还可定期举办对话交流论坛,对学生们在学习过程中和实际创业中的疑问进行解答。此外,学校还为学生举办很多形式多样的创业实践活动,比如在校内让学生参与各院系学生刊物的策划,提出自己的创意,对校内举行的大型公共活动进行设计与组织,设立很多学生社团,交由学生自己组织和管理,法律实践或金融实践的模拟,科研或学术研究的起草与申请等等,促使各个不同院系和具有不同专业特长的学生都可以为未来的创业积累更多有益的经验。建立创业活动中心,引导学生参加其中,独立进行科技创新,创业活动设计。深入推进大学生科技创新活动,鼓励并资助学生在公开刊物上发表论文、积极申报各种奖项。

搭建创业实践平台。从某种意义上来讲,创新创业教育是对全面发展的人才的进一步促进,是对其思维思路的进一步扩展和延伸。对于创新创业教育的社会实践来说,单纯依靠课堂上对学生进行创业理论的传授和邀请企业家进行专题讲座,对学生创业意识的激发是不够的,更重要的是让学生在具体实践中获得真实的体验。因此学校应该更为积极主动地给学生的创业过程提供支持,尤其要发挥学校的指导和管理及服务功能,并进一步扩大学校和企业的合作,让学生有更多的到企事业单位实习的机会,与企事业单位共同创建创业教育实践基地,并要鼓励学生积极地组建创业团队,为学生的创业搭建好的平台。学校方面也要多多举办创业竞赛活动,可以开展虚拟创业活动,模拟创业,并对创新实验计划加大推进力度,以训练学生创新创业的思维能力,并且促进学生良好的意志品质以及道德素质的形成,进一步推动创业教育的深入开展,努力培养学生创业能力,进而促使学生开创性思维能力的养成。

3.3.3　优化校外环境发挥政府与社会协同力量

仅仅依靠高校自身的力量对于高等院校创新创业教育的落实及其发展来说是远远不够的,还需要社会各界的大力支持。另外,各级政府部门要在社会支持力量中起到主导性的作用。因此,我国高校在发展创新创业教育的过程中,要进一步强化政府部门的责任,同时利用好市场机制的积极作用。在此过程中,政府部门的力量不能小觑,因为政府部门有权动用相关的政策、采用相关的对策和措施来对妨碍社会和谐发展的趋势或现象施加干预,政府部门是社会公共权利的绝对拥有者。事实上,各个高校在很多地方都受制于政府的干预,包括大学生的就业与创业方面,有时候对高校创新创业教育的发展也产生了不利的影响。所以,高等职业学校和政府部门是一个密不可分的整体,之间的关系是相互依存,相互促进的关系。基于此种原因,应该从下面的几个方面来强化政府部门在高等职业学校创新创业教育中的重要职责:

落实和完善国家创新创业的政策。最近几年来,党和政府对全民参与创业也呼声很高,国家也大力提倡构建和谐社会,各级地方政府也都争相推出了相应的创新创业政策,同时还制定了许多鼓励创新创业的优惠政策。针对在校大学生创新创业能力的培养方面,地方政府应在创新创业政策服务方面做好以下三点:第一,各级政府推出的各项有利大学生创业的政策,要让大学生更好地去了解,诸如怎样提供创新创业援助、如何减免税收、创业贷款资金的支持以及其他的社会保障等政策,要对其进行全面的收集与整理,并汇编成册,免费发放给大学生;第二,要教会大学生如何才能更好地利用好相关政策,应该举办创业政策宣讲大会,以及创业形势报告会或分析会,帮助具有创新创业想法的大学生更深入了解创新创业政策。第三,针对大学生不清楚某些创新创业政策的,要积极帮助大学生去争取创新创业的优惠政策,政府教育部门也应该出台相关针对创新创业的大学生的政策,例如采用把创新创业课的成绩计入学分的办法,推行弹性学分制,鼓励大学生自主创业,还要制定出为在校就读期间的大学生去进行创业的允许其申请办理休学并为其保留学籍的政策。另一方面,地方各级政府则需要制订与完善市场经济的竞争规则,努力优化社会创新创业环境,同时对在政府部门工作的公务员要规范其工作行为,坚决制止扰乱创新创业市场发展的一切违法乱纪行为。

建立政府及社会各界多元化的融资渠道。在经费的投入上,政府部门是高校教育经费的主要来源之一,为了更好完成高校入学就读率,政府要增加对高校教育的资金投入。政府在给高校拨付款项时,应当引入竞争机制,要适当向发展和科技创新水平更高的高校倾斜,对那些主要从事基础理论研究的高校也要重点扶持,以显示公平原则和体现效率优先的原则。还有那些能够适应国家经济发展需要但其自身适应市场能力较弱、社会公众在认识上不足的高校或专业,国家也要给予重点支持。为了使其能够非常顺利地迈出创业的第一步,帮助有创业想法的大学生缓解筹资压力,单凭政府设立的创新创业基金是远远不够的,需要各级地方政府加大创新创业基金的投入。另外可以借鉴国外发达国家的经验,通过设立有一定资金规模与数量的"大学生创新创业基金",通过政府投入、社会募集以及银行放贷这三种主要渠道来争取创新创业基金。在多年的实践中也从中寻出另外几种筹集资金的方法,其一是通过政府或企业和学校提供担保的方法,取得贴息贷款。这种方法对大学生在创业过程中出现资金不足的那部分筹款比较有用,这样做的同时可以让银行减息让利;其二是采用信用担保贷款。这种方法适用于那些表现优秀的大学生,比如学校向社会企业推荐的优秀大学毕业生,以及通过学校或者企业评选出的校园创业之星等,都可以视为有良好信用记录的典范,用其信用作为无形资产为其提供担保向银行进行贷款;其三是由政府出面组织建设一个高科技创新创业园区,积极向有创业意图的大学生提供创新创业实践的平台以及"孵化器",甚至还可以向政府提出申请,申请用政府设立的高新技术开发区作为大学生的创新创业园区,准入门槛对创新创业的大学生适当降低,通过免除一定时期的场地租金或保证金等费用;其四是进行创新创业的大学生准入条件适当降低,如同等条件下减少公司注册资金,减免工商税务等部门的办理证件的费用等,以体现政府对进行创新创业行动的大学生的激励。

政府应给予高校更多的办学自主权。从当今社会发展的总体趋势来看,在进行宏观管理高等院校的过程中,政府要始终以人为本,始终站在人民群众的根本利益上。根据高等院校提出的相关要求,为了防止政府限制办学的自主权,政府不能直接参与管理,甚至于想要控制或限制高校内部的教学和生活,并且不能在学术界行使其行政的命令,从而影响学校的正常教学。这不仅要使政府职能在高等院校体系内部的宏观调控,同时更要体现政府职能对在高等教育事业方面的推动作用。总之,政府职能的重点应该放在对教育的整体规划、经费的管理与控制以及教育质量的评估与监督等方面。只有在这些方面进行管理并落实到位,才能够实现国家所有权与高等院校办学自主权这两者之间的合理性。政府需要清楚地知道,只有规定高校的自主权,这样才可以让高校以正当且合法化地去行使属于自己的权利,同时政府也只可以在法律许可的范围内,以合法的方式监督高等院校的教学和日常活动。但是由于高校在获取办学自主权上,与政府职能的转变又有着非常紧密的关系。因此,高校要想有真正获得自主权的可能性,是以政府真正地转变其职能为基础作条件的。高校所应拥有和获得的自主权包括以下几个方面:招生办法权、学校设置的专业权、评审教师职称权、学费制定权等。

完善政府自身的服务体系。与一些发达国家已经拥有的较为完备的青年创新创业的服务系统不同,国家的各级地方政府需要以基础环节作为工作的切入点,逐渐加强与完善以下六项服务。第一项服务是向广大社会发布创业信息。例如可以通过电视、报纸以及互联网等传播媒介,向大学生创业者发布最新的创业消息。各级政府在发布相关创业项目的同时,提供创业信息的咨询服务系统;第二项服务是建立相关的创业项目负责机制。行政管理部门要对创业项目进行具体的指导以及追踪服务,并且应该定期组织专职的创业指导教师进行指导;第三项服务是创建"大学生创业超市"。通过"大学生创业超市",从而实现资源的共享,以此将大学生的创业项目和信息整合起来,从而使创业大学生在进行创业选择时可以择优选取;第四项服务是成立专门针对大学生的法律援助中心。法律援助中心的责任,主要是向大学生创业者提供法律咨询以及维权的服务;第五项服务是修订大学生创业者就业创业联合会议的制度。政府每年定期举办相关的重要会议,研究并探讨如何去解决大学生创新创业过程中所发现和面临的实际困难以及其他诸多问题;第六项服务是制定奖惩政策。各级地方政府应该利用自身的优势整合好社会资源,以此来鼓舞各级企事业单位积极地接纳刚毕业的大学生到单位实习或者见习工作。同时要调动社会上的一切积极因素,落实好对大学生创业者在创业能力的培养服务,以及帮助大学生健康成长的服务。为了正确地处理好政府与高校两者之间的关系,政府同高等院校在高等教育事业的发展以及建设过程中,两者各自所承担的责任是不能相互替代的,应该要让这两者的工作合二为一。与此同时,必须要从转变政府职能作为切入点,改变以前政府在高等教育管理过程中大包大揽的行为,扩大高等院校的自主权,强化政府对高等教育选取宏观调控的职能和政府的服务职能,从而真正建立起既符合我国基本国情的,同时又能够促进高等教育迅速、持续、健康发展的管理机制。

3.3.4 提高大学生自身素质增强其创新创业能力

实质上高等院校对大学生创新创业能力的培养不是一蹴而就的,而是一个系统工程,不只是地方政府需要努力,同时高校也应下大力气加强对学生的创新创业教育。

对大学生的心理障碍进行辅导。大学生创业的最主要障碍,并不是外在条件的影响,而是来自内心对创业的恐惧,主要表现在没有社会经历,缺乏自信心,担心自己不能处理复杂的事情。为了解决这样的心理障碍,无论是在日常教学中,还是在课外的社会实践中,高校必须要加强对大学生创业人格心理的教育以及训练,一定要注重培养大学生的自信心。而从另外一个方面来讲,大学生自身才是解决心理障碍源头,应该转变心态,积极配合学校和教师的心理辅导,从而激发对创业的热情和无限潜能。有一些心态消极的大学生,对做任何事都缺乏自信,有时甚至会用怀疑的眼光去看待周围的一切事物,经常用消极被动的心态去思考问题。当谈及创业时候,他们也总认为是遥不可及的事,认为自己根本干不来,还没开始就已经在大脑中"否定"了几遍,因此对创业也没任何奢望了,创业这件事自然而然也就被放弃了。其实,现实生活之中的创业,并没有想的那么难,只要善于思考并能细心观察生活,能够时刻保持着积极向上的心态,勇于行动,肯定能够成功。大学生作为创新创业的主力军,从一篇篇的优秀论文中,从一个个的发明创造中,从一个个的创业项目中,从一次次的精彩活动中,从一个个的新组成的团队中⋯⋯,透过这些很小的东西,就可以全方位地展示大学生的能力,同时也凝结着当代大学生的汗水与智慧。"我一定能创业"和"创业就在你我身边",以上的心声都应该是当代大学生创业所具备的积极心态。其实每个人的潜能都是不可估量的,每个人一生的时间所开发的潜能仅仅发挥出了很小部分的作用,如果借用冰山作为比喻,发挥出大脑平时作用的那一部分就像是冰山露出海平面那一小部分,只占整个冰山小小的一部分,而那些深藏在海底深处的很大部分的冰山,就是还远未能够察觉到的、未能非常充分地开发出来的那部分潜能。在现实中有很多学历并不高的人在创业上都有所作为,作为 21 世纪接受过高等教育的大学毕业生具有更好的创业条件。

培养大学生的自主学习能力。自主学习的能力要求人们按照一定的个人以及社会的价值需求,主动把握生命发展过程中所需要的一切事物。自主学习能力有如下几个特征:第一个是自主性。指的是个体生命不是在被强迫着去学习,知道学习的重要性,能够自觉且自愿地去学习;第二个是能动性。指的是生命主体即能积极而又能够创造性地去学习,并且懂得如何消化知识,不单单是对知识以及信息进行简单接受,同时还要善于将其转化成生命所需的精神能量;第三个是创造性。学习的最终目的必定是吐故纳新、推陈出新,面对现实条件能够应对自如,甚至创新和创造新的知识,而不是"读死书,死读书,读书死"的状态。在知识大爆炸的今天,掌握自主学习能力是大学生立足于社会的根本,对一个人和集体的成长具有举足轻重的作用和意义。对大学生来说,要珍惜在学校的时代,努力养成良好的学习和生活习惯,并能做到热爱学习,学会学习、学会生活、学会生存、学会工作、学会如何思考以及学会如何创新。总而言之一句话,不断地训练和提高学习能力,这比在学校做任何事情都要有意义,它会使你的一生受益无穷。同样的道理,如若一个组织的所有成员都具备不断的自主学习能力,那么这个组织极有可能收获成功,并且继续创造辉煌。其能够收获成功的秘密就在于,首先这个组织能够以最快的速度习得新知识,并且能够获得最新信息,其次组织领导层需要与时俱进,这意味着也要不断地提高自我学习能力,使该组织成为学习型的组织,并能调动以及发挥成员的积极性,最后就是要以最快的速度和最短的时间把所习得的新知识与新信息以及新技术应用到企业以及个人的变革与创新中去,使得自身更加具有竞争力。

带动大学生积极参加校内创业活动。大学时期校园生活内容丰富,可支配的时间是充裕的,创新创业会让课外生活变得丰富多彩且更有活力。只有不断地创新,校园丰富多彩的文化才能具有持续不断的魅力。大学生创新创业经历是一笔宝贵财富,毕业后最忘不掉的也许就是那些富有创新创业精神的老师以及同学,而最令人永生怀念的可能是亲身参与过的那些具有创新色彩的活动以及生活的种种情景。大学生身处创新创业的校园大环境,参与许多有意义的活动,把握住锻炼能力的机会,让自身融入其中,并从中获得在其他途径得不到的磨炼。参与课外创新创业实践活动是培养与锻炼学生的创新精神以及创业能力的"第二课堂",同时也是生命快乐的"第二课堂",这里可以展现大学生个人的创新创业才华。例如积极地为组织活动献计献策,为组织奉献力量,争取参加学校的青年创业者协会社团组织,并且协助协会组织好丰富多彩的活动,并且能够大胆地提出创业计划,撰写创业计划书报名参加校内外组织的学生创新创业计划大奖赛等活动。

鼓励大学生积极投身社会创业实践活动。对于大学生的创新创业能力培育,有一种非常重要的实际训练方式,那就是参与到校外的创新创业实践活动中去。让大学生用自己的实践去了解观察社会,从校园走出去,认识这个社会,同时要调查剖析社会,从而让自己更好地立足于社会,通过这些锻炼,必定能够提升自己的创新创业能力。机会对于每个人都是一样的,需要双眼去发现,同时也需要竞争的勇气,更需要实际行动。鼓励大学生充分利用课余时间以及休息日等空闲时间去做市场调研,以此来发现社会的实际需求,同时尽量争取到创新创业的营业部门去打工,寻找商业机会也还能够利用课余时间或者休息日,在体验生活的同时还能磨炼意志,也能学习到创办实体企业的实际管理技巧与方法,从而一举多得。引导学生学以致用,做到理论联系实际,并且在实践中学习,使大学生更好地融入政府及学校倡导的创新创业发展计划当中去,在学习的过程中也要积极实践,让生命之树在社会实践中常青,让生命的律动在实践中闪烁出耀眼的光芒。

第 4 章

美国高校创新创业教育经验借鉴

4.1　美国高校创新创业教育概况

4.1.1　美国高校创新创业教育的发展历程

霍勒斯·摩西被众多学者认为是开创了美国创业教育的先河,他早在1919 年创办了青年商业社,以高中学生为对象,利用业余时间对其进行商业实践教育。目标在于学生能将课本的理论知识灵活地运用于实践以及使学生早早体会实践取得成果的魅力。他的这一举动在全国范围内激起了巨大反响,各界商业人士认可其做法并纷纷效仿,在国内大规模、大范围开展青年商业社教育活动。这一连串的效应使得美国商业在 20 世纪 20 年代一度保持繁荣,也使得青年商业社教育得到教育界顶级人士认可并正式成为中小学教育计划的重中之重。但学术界主流观点却以 1947 年哈佛商学院将创业以课程的形式引入校园并成为美国校园创业教育最早的践行者。以这一事件为起点将之后的历程划分为三个阶段。起步阶段:大学首次开设创业教育课程并鼓励学生积极参与,同时社会上零星出版了有关创业教育的书籍、报刊和杂志,但整体参与度低,影响范围不广。同时这一时期新科学技术革命在美国发展蓬勃,如国际垄断组织和跨国公司等现代企业组织迅速崛起,但创业型小企业在这样的大环境中难以生存。发展阶段:20 世纪 70年代的美国,经济深陷滞胀泥潭,发展缓慢,士气低落。政府急于采取有效的措施摆脱困境。这一时期美国的希望来源于硅谷创业者的成功,大学生创业热潮掀起并蓬勃发展,也使创业教育获得来自政府以及社会的更多重视。自 20 世纪 80 年代起,美国的创业教育快速向大学专业选择及学位教育方向渗透。以创业教育为特色的百森商学院始终是 20 世纪美国公认的创业学领域的带头人。如今,相较于其他国家,美国的创业教育教学体系历时悠久、文化底蕴深厚,已成为各国竞相模仿的正统体系。美国的创业教育和创新教育相辅相成,繁荣发展。据了解,美国是最早实施创新创业教育的国家之一,20 世纪 40 年代末,《新创企业管理》课程的开设使美国真正开启创业教育新纪元。美国的创新教育体系,起步早、内容完善、覆盖范围广、合作领域宽。据不完全统计,在美国已有 50 多所大学以建立创新研究机构的方式来培养具有高创新型的人才,来满足国家的需求。20 世纪 70 年代,美国国家科学基金会给予四所高校资金支持来开展创新教育项目试点,通过这一方式,美国高校建立了“创新创业中心”和“技术创新研究中心”等研究机构,开设相关课程和鼓励学生致力于技术发明与创造以及新产品研发等实践创新活动。美国的创新创业教育迅速普及其他学校,美国学生的创造力、研发能力得到极大鼓舞。成熟阶段:进入 21 世纪,美国高校创新创业教育已呈现稳定状态,达到成熟期。从全国范围来说,美国高度重视创新创业教育,每年投入大量资金以满足各高校的需求,以期培养大批高素质、高才能、高创新力的人才队伍,确保其在国际上的地位名列前列,进而巩固创新大国、人才强国的地位。同时,国家出台大量鼓励创新创业的政策,并给予物质激励。在社会范围内,以企业孵化剂为主的校园与企业合作项目不断涌现,数量剧增。在这样的宏观大框架下,美国早早地进入了大众创新、万众创业时代。

4.1.2　美国高校创新创业教育的成就

美国作为世界范围内的创新创业教育的拓荒者,在这个领域已取得傲人的成果,可以称得上是硕果累累。如学校方面的创新创业课程分类设置、导入雄厚师资力量,及社会上高校学生创新创业型公司举办创业比赛等。除此之外,美国创新创业教育的发展位列第一。

首先,美国在多年历史发展经验中精炼出了一整套相当成熟和完备的创新创业教育体系,具有正规性、专业性和学位性的显著特点。正规性表现在这一体系涵盖了美国学生从小学、初中、高中、大学专科、本科直到研究生的全方面教育,普遍开设了创新创业教育课程,贯穿了美国学生的学习生涯,全美已有超过近1 500所开展创新创业教育的高校。专业性体现在学校会聘请大量顶级学术人士,以及大学生创业成功人士进行经验授课、知识讲座、学术交流以及前沿想法的探讨。学位性是指许多高校还设有创新创业类本科和研究生专业,如果学生在相应学年内修完规定的所有学分以及从事创新创业实践项目,并累积较长经验情况下,授予相应学位,有些在创新创业教育方面有悠久历史的高校还能培养专业化人才,即从事创新创业教育教学和研究的博士生。其次,美国的创新创业教育因其开始时间早而具有得天独厚的优势,是这个领域的佼佼者,具有多个第一的美称。

美国大学主要特色的演变是一个线性发展过程:教学—研究—创业,即从教学主导型院校发展到研究型大学再到具有社会服务功能的大学。社会服务虽然是当中确立最晚、但却是发展最快、推动美国经济、科技快速发展,成为世界领先国家之一的最强引擎。

其次,美国推出了首个创业教育课程,由哈佛商学院的迈斯(Myles Mace)在1947年开设,名为《新创企业管理》(New Enterprise Management),以此来推动创业教育和相关学科的发展。1967年,斯坦福大学和纽约大学在MBA课程体系中引入创业教育的内容,丰富了MBA课程体系。1968年,百森商学院第一次将创业教育引入本科生课程,扩大了受教育学生的范围,开拓了本科生视野,较早培养了大学生创业思想。美国是第一个举办创业竞赛的国家同时美国也开创了许多新颖的创业教育项目竞赛活动并率先设立各种奖项。除以上成就外,美国出于大力发展创新创业教育的需求,连续推出一系列政策推动创新教育的发展,这反而完善了美国在创新创业教育方面的政策框架。如《为了21世纪的科学》报告,加快了转移科学研究成果,《美国竞争法》更加加强了大学与教育产业之间的合作。2011年,多个美国校长和协会领袖签名,向美国商务部提交了一份信件,名为"关于推动基于大学技术商业化建议"。2013年商务部发布《创新与创业型大学:聚焦高等教育创新和创业》报告,目的在于促进大学生创新和创业、呼吁教师创新和创业、引导大学成果转化、加强学校和企业合作。

4.1.3 美国高校创新创业教育的研究

美国长期创新创业教育体系的发展使得美国对该体系进行研究的队伍

十分庞大,如 20 世纪 50 年代开办的创新创业研究中心和协会。事实上美国的创新创业的理念在每个人心中已占有很大的地位,又贯穿中小学到大学甚至研究生博士生的教育过程。例如,拥有创新的内涵在于"设计思想"的想法的美国设计学院,以现有的创新性成果向中小学进行教育。美国高校创业教育中心围绕三个方面发展,一是创业教育,二是与企业家的多维合作,三是创业研究。以成立于 20 世纪 90 年代麻省理工学院的创业教育中心为例,学校创新创业的声誉由于该中心的存在得到极大提升,每年有上千名学生申请并参加了课程。这些学生受到课程系统培养,将来在创业过程中很大程度上能将商业和科技领域巧妙融合。同时创业中心也为了学生在创业中能将知识和实践有机结合,构造了创业主体网络,涵盖了所有主体。几乎所有的外在和内在资源以及技能都被整合到统一的网络平台上,这便为创业活动的顺利开展提供了便利的途径以及最佳机会。

1956 至 1998 年,美国创业中心和创业协会大大促进了美国创新创业教育的发展。如国际中小企业联合会和万维网成立的第一个远程创业教育项目,即虚拟大学。另外,主要学术机构如百森商学院举办了一场"创业教育前沿"的研讨会。创业教育中心和创业教育项目具有研究、教学、支持三大特点。研究的主要内容有:开展专门的研讨会,邀请专门的人才以及研讨专业的知识。教学主要包括:结合创新创业教育开设最新、最前沿的课程,不断完善当前教育体系,同时将创新实践纳入学生素质考评。支持涉及:国家、社会和学校之间搭建桥梁,使信息互通,人才流通,资金支持,相互促进,共同进步。

4.2　美国高校创新创业教育实践

4.2.1　美国创新创业教育内容标准

一套体系完整的教育标准或教育模式的形成需要大量具备思想共性的理论进行支撑,这一标准或模式为实践提供了实践理论依据。美国的创新创业教育历时久,参与主体覆盖面广,涉及领域宽,2004 年 6 月,创新创业教育的国家内容标准即 CEE 在全国范围内颁布。CEE 涵盖教学框架、内容指南和教学工具;CEE 的内容体系包括创业技能、预备技能、商务功能三部分。

创业技能。包含了创业过程和创业个人特质两块内容。创业过程涵盖创业前期的艰苦摸索、创业观念初步成熟、创业资源有效整合、最终达到创业实施阶段、取得创业成果。创业个人特质是指创业者个人领导力强弱、自身创业能力评估、自我约束管理以及属于风险偏好还是风险厌恶者等。

预备技能。包括基础性的商业知识和技能,这是作为成功创业者的必要条件。具体概括成六点:商务基础、人际交往技能、数字媒体使用技能,电脑操作熟练程度、金融知识、经济学素养、个人成长历程。

商务功能。主要是创业者在企业管理的过程中需具备的素养。包括六个方面:金融管理,人为资源管理,信息管理,市场管理,运营管理,风险管理,策略管理。CEE 发挥指导作用,也是美国创业教育课程成功的产物,由丰富的研究成果作支撑,具备丰富的课程标准,指导创业实践,最重要的是能从基础阶段对个人素质和能力进行指导,把握正确的教育方向,为美国今后的发展输送高创新型能力人才。CEE 国家创业教育内容标准具有以下三个特点:首先是教育内容尽可能和社会实际需求相符,而不是根据已有学科框架和已有学科知识来设置,既满足了有潜在创业意愿的青年学生,同时创业真正所需的技能也得到及时锻炼;再者是内容编排体现层级差异;最后是教育内容着重于实践的可操作性、实在性,内容标准以生动易懂的案例、浅显的讲述方式深受各方支持。

随着创新创业教育在全球发展,各国高校的商学院都纷纷效仿美国,将创业以及创业课程纳入教育体系的框架。创业课程受众多外在因素影响,因此遵循因地制宜原则,以"适合的才是最好的"为标准,而非建立全球统一的创业教育标准模式。当前为大众熟知的创业教育标准有两套,一套来自北美地区(简称 CEE),另一套来自欧盟(简称 EU)。为了更好地呈现美国创业教育标准的特色,从创业教育标准的共性与差异进行分析。首先,CEE 和 EU 之间存在许多共性:两者都肯定了创业教育的价值;认为创新创业教育能培养创新能力和传播创业知识渠道,也能激发学生的创业想法,直到最终学生真正开始进入自主创业阶段。其次,两套标准的差别主要在于创业教育的目标不同,CEE 着重于发展学生提高工作效率和职业选择的创业技能;而 EU 目的在于使学生能创造性思考、独立解决问题,结合市场需求寻找商业点子。

4.2.2　美国高校创新创业教育课程体系

　　课程主题设置。对于"创业教育该教什么",美国教育界一直未能达成统一的意见,但大多集中于企业家精神可教。在设置创业教育课程之初,美国从众多意见中整理出了企业管理、风险融资、企业内部创业、企业战略、创业家风格、创业风险规避、特定群体的企业家、企业家精神、企业家的贡献、企业家道德十大具有教育意义和研究意义的主题作为参考。

　　课程教学模式。作为美国校园中发展极为迅速的学科领域之一,多数高校均开创和完善了相关课程体系。就创新创业课程类型来说,由专业教育和通识教育构成;就课程模式来说,主要有聚焦式、辐射式和磁石式三种模式。聚焦式主要强调创业学学科建设,主要是商学院和管理学院的人才,针对性高,目的在于培养专门的创业型和能极快投入到创业活动中人才;辐射模式以提升学生创业素质和创业能力为目标,教学面向全校学生,无专业限制,所有学生都能接受企业家精神和创业意识的培养,典型代表是康奈尔大学;磁石模式则介于两者之间,既能为全校有创业意愿的学生提供创业课程,又能加强创业教育与教学的统一管理,兼具开放性和便利性的特点。相较于聚焦和磁石模式,辐射模式的优势十分明显。

　　美国密苏里大学堪萨斯分校布劳克管理学院创办并大力推广"创业与创新发展"项目,该项目鼓励来自多方力量的共同合作,致力于促进创新创业项目的渐进式优化发展。无论是在项目开展初期阶段,还是进入后期的审核、评估阶段,学生都被要求尽可能与学校保持着密切的反馈关系,即学生以导师为渠道及时反馈创业中所遇到的问题,确保学校能够及时掌握学生的创业动态以及迫切需求。百森商学院把适应未来创业需要的创新意识、创业独特品质、创业核心能力等"遗传代码"和有关创新创业的理论、实践知识进行了整合。

　　课程内容编排。2010 年在田纳西州的纳什维尔,中小企业联合会召开了年度会议,通过协商并提出了一套创业教育的课程体系,专门供本科生使用,主要是创业专业课和创业公开课两类。创业专业课:对象为创业学专业的学生,包括介绍性课程(创造力,组织性)、深入性课程(市场营销,财务会计,公司管理)、综合课程(商业计划)、顶点课程(创业实战)四种;创业公共课:创业公开课适用于非创业专业的学生,主要为学生了解创业知识,有创业意愿的学生也可在撰写商业计划的过程中提升创业能力。分为基础课程（小企业基础，创业基础）、总结性课程（商业计划）和终点课程（可选修的深入课程）。除此之外，隐形课程也颇受各高校欢迎。核心的课程体系是必不可少的，但由于创新创业教育的特殊性，学校应为学生提供一个好的创业教育环境，这些隐形课程的开设在一定程度上培养了学生创新创业能力、创新创业精神和创新创业竞争意识。同时，辅以学术实践的机会，包括学校能提供的企业实习机会、参与学校与企业合作项目的机会、创新创业性比赛、座谈会等等。

美国高校创新创业教育课程模式。百森商学院采用递进式创业教育课程，百森创业创新课程是三段式和模块化的。"三段式"指分为入门、加速和定制路径三段过程用四年时间授课。模块化突出模块化特点，由"战略与商业机会""创业者""资源需求与商业计划""创业企业融资"和"快速成长"五个板块构成，选修课程主要涵盖并购、融资、连锁经营等方面，核心在于使大学生展开思维、洞察商机，把握创新企业的市场及发展规律。哈佛商学院采用平行式创业教育课程。哈佛商学院不强调严谨的层级设计，而是以平行的方式将必修以及选修课程加入选课栏中，学生在选择课程时通常根据自己的兴趣和实际情况。该种类型的创业课程设计有利于学生逐步将创业知识和创业实践相结合，使得学校将学生的创业意识、企业家精神的培养放在了首位。宾夕法尼亚大学沃顿商学院采用递进式专业化的课程。宾夕法尼亚大学沃顿商学院主要由"管理核心课程""创新创业基础课""创新创业专业课"和"专业顾问环节"构成，学生需要完成低阶段课程以后才能进行高阶课程的学习。麻省理工学院采用集中式创业教育课程，麻省理工学院的创业教育课程分为三类，一是创业普及方面知识，二是创业计划类知识，三是创业实践类知识。斯坦福大学的创业课程注重创业知识与专业技能相结合和流程化，在斯坦福大学课程体系中，斯坦福大学为学生提供了大量与专业相结合的创业课程，并设计开发了许多与技术相关的训练课程和教学环节。同时，课程体系的设计基本遵循创业过程的特点，并形成了流程化趋势。

4.2.3 美国高校创新创业教育师资配备

美国高校创新创业教育的蓬勃发展与高校的雄厚师资力量密不可分。1980 年，美国百森商学院第一个设立创业学讲席教授席位。百森商学院对于师资力量要求极高,必须有创业经验的风险投资家、创业家和实业家、初创企业的高级管理人员等。

师资人员构成。美国高校创新创业教育师资往往专兼结合。一方面是专职教师,美国多所知名大学都拥有较大比例的专职教师,例如,百森商学院、麻省理工学院及哈佛大学都有专职教师岗位。其师资力量包括教授、副教授、讲师、助教,同时有大量的学科分类,如心理学、管理学、经济学等等。学校对创业教育进行管理,分为聚焦模式、发散模式以及混合模式。以专职教师为核心的教学团队是各美国高等学校各学科长久传承与不断发展的主要方式,长达数个世纪的教育教学发展模式使美国在专职教师教学方面积累了丰富的理论以及实践经验,包括大范围推广美国国内高校创业学博士生项目以及推进中外创业学博士生合作项目、进行专门的创业学博士生合作项目试点等措施。美国高校的创业学博士生项目必须符合四点要求:①具备相关学科背景(如经济学、管理学背景);②正式获得美国高校学位证书;③熟练掌握定量分析方法,能将其结合到实际研究中;④具备小组领导能力、独立科研能力及批判性思考能力。创业学博士生至少要修习三年才能顺利毕业获得博士学位,在读博期间将完成全面、多层次高强度的教育和实践计划,到期接受严格考核。如对企业创业成功与失败两种类型的案例进行分析、多人一组实际模拟给定的创业情境并应对突发状况、给到目前美国企业面对的现实难题提出可行方案、前往有代表性的创业公司观摩学习等。另一方面是兼职教师,兼职教师通常是来自社会的创业者,他们不仅具备较高的学术背景,更重要的是他们在自身创新创业过程中遇到过各种机遇和挑战,并针对具体问题他们当时是采取何种方法解决,积累了相当丰富的实践经验。他们在校园进行的各种形式的教学都能充分将创业经历的创新性和课本理论的合理性有效结合,以期给学生带来无比鲜活的创新创业体验,如 Stanford University(斯坦福大学)有些课程,在课堂会有两个老师(正式的教授+客座教师),有些任课教师还专门为选课学生聘请有创新创业投资经验的业界资深人士来担任创新创业项目指导。校园兼职教师一般由常驻知名企业家、学校项目核心成员以及往届成功校友担任。兼职教师并没有设立固定的教学时间段,通常是以阶段性、集中课时教学或举办主题讲座的形式为学生提供创业方面的新知识。例如,Intel 公司的前任首席执行官 Andrew S. Grove 就从 1991 年起受邀担任斯坦福商学院的客座讲师,定期在每年九、十月份开设 1～2 门课。他们的加入为美国各高校创新创业发展注入了前沿思想以及方向。

师资课程教学情况。教师的素质是创业教育的关键,美国各高校在建校初便投入大量资本致力于构建雄厚师资力量,经过多年发展,师资团队人数达到高峰,同时美国高校开设的创新创业教育课程在数量上与其他国家相比称得上是庞大。据不完全统计,如百森商学院有多达 35 名教师专门从事创新创业教育发展,总计开设课程数高达 33 门;仁斯里尔理工大学的创业类专业教师为 22 名,开设课程达 20 门。美国高校不仅强调教师自身带有创新创业理论知识,而且极为重视讲师的创新创业实践经历。1980 年,美国百森商学院成为首个设立创新创业学教授席位的学校,并且规定创业教育师资团队中必须包括有创业投资家、创新创业家、实业家和初创企业的高级管理人才。再者,在创新创业众多教学形式中,专家指导形式广受欢迎。专家指导多由校外知名社会创业人士以分享成功创业的创业精神及创业经历来实现。2010 年参与交流学习的学者回忆,教授《创业市场营销》的教授退休后再一次受到聘请,回学校教书。

创新创业师资培训。时代发展,科技进步,教师的专业化程度受到更大挑战。原有的师资水平已不能满足创新创业教育发展的需求,创业教育教师必须树立正确的创业意识、提高创业知识掌握水平、不断培养创新创业能力,使自己达到社会需要的水平。高质量的师资团队是创新创业教育持续发展的前提保证,美国为使创业教育师资力量保持国际前列,为培养高质量、高水平、高文化的教师团队专门设立了有针对性提升的教师培养项目。百森商学院于 1984 年创立"创业师资研讨会",其经过多年发展已有 30 年左右的发展历程,培训了将近 3 200 多名学术人才和实业家。开设的课程有公开课程和定制课程两种。该研讨会不局限于在国内举办,还发展到亚洲,在亚洲举办的创业师资研讨会为期 12 天,主要培训对象为中国、香港地区、台湾地区及新加坡的商学院教授。斯坦福大学以创新创业为宗旨创办并组织"创业教育圆桌会议",发展到今天"创业教育圆桌会议"已成为平等交流、意见开放的代名词,同时也成为各国高校之间以及美国内部的一种重要的协商和讨论形式。"创业教育圆桌会议"这一新型模式广泛受到国际认可,在各大洲各地区蓬勃发展。2004 年,亚洲地区创新创业教育首次会议在新加坡国立大学举办,参加本次会议的人员不仅涵盖亚洲的著名高校,同时还有来自美洲和欧洲各大名校的资深学者和访学者,都给予了会议高度评价。2005 年,首次以创新创业教育为主题的国际研讨会 REE Asia 在中国北京圆满举办,这一首发式的成功对于中国今后的创业教育发展具有深远影响,同时这对于中国来说也是一次难得机会,能就创业教育领域的问题向国际学习和进行国际交流。REE Asia 2005 由清华大学经管学院、美国斯坦福大学技术创业项目以及加州大学柏克利分校莱斯特创业与技术管理中心合作举办,清华大学中国创业研究中心承办。此次会议举办的宗旨是促进亚洲大学间就创新创业项目进度开展深度探讨,包括创业教育项目设计、人员配备、开发领域等层面,分享成功的经验和吸取失败教训,探索多种合作途径,提供同行之间的更多交流机会,融合高校间的资源。本次会议将邀请政府、成功的社会企业家参与会议的相关主题讨论,是促进创业实践者、政府、投资者和大学创业教育结合的有效途径。

4.2.4　美国高校创新创业教育评价

教育评价是以一定的教育价值观念或教育目标为基础,使用切实可行的科学方法,通过对信息资料的收集、整理和分析,得到有关教育活动、教育过程和教育结果的价值判断,以提高教育质量和教育决策为最终目标的过程。教育评价项目多,内容丰富,相互之间关系复杂,它们因某一分类标准而划为同类,或因另一标准而分属不同类型。

美国创新创业教育起步早,发展速度快,这一特点使得美国着手建立国内的创业教育评价体系,进行客观评价。自 20 世纪 90 年代初,美国就创业教育项目新办多家杂志专门对创新创业教育项目开展年度评估,如《企业家》《创业者》《财富》等。

创新创业教育实践的国家标准。创新创业教育实践标准以三个要素来评价创业项目,分别是教育理念、教育方式和教育效果,该标准能正确衡量创业教育质量,对创业教育质量以一定标准进行监管,确保高质量的创业教育质量。首先,创业理念的评价标准在于培养及训练创业思维。当代学生,不管是大学生、研究生还是博士生都应该树立正确职业观,转变贪图安逸、金钱至上的择业观。作为新时代朝气蓬勃的年轻人,要敢于拼搏,积极进取,无畏失败。勇于跨出将创业作为职业选择的一步,在实践中识别创业机会;大胆追求创业梦想。其次,教育方式评价的标准是创业教育的实现,而创业教育师资力量是创业教育达成的关键点。目前各高校对于教师角色定位不够准确。教师不能仅仅被看成是创业知识的提供者,更加应充当教育项目促进者、指导者,为学生的创业指明大方向,给予知识、经验支持。教育效果的评价标准是创业成功与否的衡量尺度,创业教育项目所教导学生做的努力应与企业预期达成目标一致,维护双方利益,实现可持续健康发展。

创新创业教育的其他评价指标。正确选择 EEP(Entrepreneurship Education Programme)评价指标,是促进创业教育改善的关键,目前创业教育效果衡量仍缺乏一整套完整的评价指标。由于创业教育时滞效应的存在,"是否创立企业"被看成有效检验创业教育效果的长期指标。EEP 评价指标,即创业教育效果评价指标,是用来对 EEP 内容优劣进行客观评价的指标。据归纳,共有 27 种,包括兴趣、信心、自我效能感、态度、工作满意度、经济收入、创立企业等。其中最常用的有以下八种:企业经营绩效、创新、技术转移贡献、是否创立企业、考试成绩、课程满意度、创业态度、意向、创业意识、兴趣。但这一指标未考虑到并不是所有参加 EEP 项目的学生都有创业意愿,而且即使有创业行为,大多数创业成果也要长期才能观察到,由于外部因素的存在,再加上目前没有有效的区分方法,所以无法将学生的成功创业简单地归纳为是创业教育的成果,还是受其他因素影响。

4.3 美国高校创新创业教育趋势

4.3.1 教育目标定位的战略性

20 世纪 60 年代末,百森商学院首次提出:创新创业教育应以未来数代人"设定创业遗传代码"为着眼点,培养"最具革命性的创新一代",为国家长期繁荣从创新创业层面奠定基础。非功利性的、前瞻的教育理念,塑造了一代又一代勇于冒险、敢于探索的美国人,为其创造并累积了巨大的精神财富和物质财富。创业是大多数美国年轻人的梦想,据统计,20 世纪 70 年代至 21 世纪的 30 年,创业者为美国创造了 95% 以上的财富,他们大大增强了美国经济实力,进一步巩固了美国超级大国的地位。美国独特的文化根源使得创业教育在美国这片土壤上如鱼得水,使得美国的创业文化蓬勃发展。

首先,美国人尤其是社会企业家有着强烈的社会责任感。他们长期把创业责任视为己任,不以追求利益最大化为唯一创业准则,懂得回报社会,为大量社会公共服务建设提供资金支持,热衷于社会公益事业。其次,大熔炉的移民文化特色也塑造了美国人敢闯敢拼的性格特色。勇气和灵活性是远赴异国的移民者必须具备的品质。美国作为一个移民社会,每个移民者的起点都是一样的。再者,个人主义是美国的特色,其本质是追求个人自由、独立和发展,强调自身奋斗和自我实现,以期在创业过程中实现自我价值及社会价值。因此在创业教育的教学方法设置中,美国学校会极为注重学生的主观能动力和潜在能力,老师会鼓励学生参与创业实践并从中积累经验。再加上美国的本土哲学是实用主义。创新创业教育吸收了美国本土的实用主义,教育过程中注重实践能力培养,如邀请知名企业家开展讲座、提供机会进入企业体验、模拟企业经营等。美国的许多著名大学培养了一批又一批创业者,他们在学校接受的就是实用主义思想,在创业中自然而然将实用主义结合到创业过程中去。21 世纪是属于年轻企业家的时代,是最具创业精神的时代。

4.3.2　外部援助力量强大

外部环境作为外部驱动力在创新创业过程中发挥着不容小觑的作用。美国正确认识到了这一点并为创业学生营造了一个可实现的创业过程的环境,首先是国家层面的鼓励政策、适当的法律法规、规范的指导机构,其次是社会层面的资金支持及各种创业辅助机构等。

政府层面宽松性政策鼓励创新创业。美国宽松的创业教育管理模式将政府的干预降到最低,呈现出"小政府、大社会"的格局。通过颁布创业法律法规、创办创业扶持机构、运用财政手段等方式为准备创新创业的学生及美国其他大众营造自由平等,公平和谐的竞争环境。多项专项法规逐步设立。如 1890 年制定的《谢尔曼法》,1953 年出台的《小企业法》(Small Business Act),1980 年通过的《小企业政策法》。随后又陆续出台了《公平竞争法》《小企业技术创新开发法》《小企业法律法》及《美国就业法案》等,这些法案在很大程度上使中小企业的法律地位得到维护,在数量上极大鼓励了中小企业的建立。成立帮助中小企业发展的机构,一是中小企业管理局。以资金援助、技术支持、市场开发等专门向中小企业提供专业化服务。二是白宫小企业会议。定期在白宫举办白宫小企业会议,针对鼓励政策、资金援助、管理运作等问题进行协商,以此使总统合理决策。支持大范围创业的财政手段,1978 年起至 1981 年资本利得税一再降低,政府加大税收优惠,财政补贴,从降低企业成本角度真正免除了创新创业年轻人的后顾之忧,随即引发一波又一波的创业浪潮。

社会层面以企业孵化器的方式提供各方面支持。企业孵化器同时也是高新技术创业服务中心,为新创办的中小企业提供场地、基础设施等一系列服务支持,减小创业者的创业风险和创业成本,提高创业成功率,优化创业成果,培养合格的企业和企业家。企业孵化器具备四个显著特点:一是孵化场地,二是公共设施,三是孵化服务,四是特定服务对象,即新创办的中小企业。一般来说,中小企业的成活率很低,但经过孵化器的孵化和培育优化后,其成活率普遍提高。除了企业孵化器外,还有中小企业研究所、考夫曼创业中心、创业教育联合会、智囊团、家庭企业研究所都以提供实质帮助来帮助中小企业的存活以及发展。

4.3.3　完备的创新创业教育体系

美国的创新创业教育体系相对于其他国家的教育体系而言是相当完备的,位于世界的前列,具有示范性作用。主要体现在以下四个方面:

系统性的课程设置。既开设了面向拥有创业潜质领域性人才的专业化教育课程,也为大众提供了普遍性创业通识教育的课程,两类课程不是相互独立的,而是在一些项目中相互结合。课程所传授的内容主要涉及三个方面:一是创新创业意识类课程,目的在于培养学生的创业意识,锻炼发现商机以及合理评估潜在风险的能力。能随所处的政治、经济、法律等环境改变做出及时正确的反应。二是创业专业知识。在校学习创业的相关理论知识是之后真正创业的土壤肥料,有利于创业潜能的尽早开发。三是创业技能训练。主要形式是商业计划书撰写、创业模拟实训等。

教学方法的多样性。创业理论课程以老师讲授课本理论知识为主,目的是为了让学生扎实掌握基本理论知识,为创新创业专业课的深入开展打下坚实的基础。相比于通识课程,专业课程使用多样化的教学模式,如项目分批教学、创业模拟实训、案例分析教学、名人讲座等等。以具有代表性的成功和失败的案例为学生进行讲解,达到深入理解的目的,使学生在理解的基础上归纳出基础性创业的规律,以学习间接经验来弥补直接经验的不足。

最后,加入创业教育实践教学环节,设定实践素质拓展学分,鼓励学生们将自己的想法通过实际行动变成现实的实践活动,通过这一素质实践活动来大幅度提升个人基本的创业素质和创业能力。

多元化师资队伍。美国高校创业教育的教师一般分成两类,一类是专职教师,在学校师资团队中所占比重大。他们学术背景强大,对于创业的相关理论知识精通,最重要的是很多教师拥有丰富的创新创业的经历。另一类是兼职教师,这一团队主要由成功的企业家、创业家、政府官员等构成,学校通常让他们担任客座教授,举办交流型、开放式讲座,以此来分享他们的创业经验,给学生鲜活的实例指导,同时也为学生搭建了各类社会资源和社会人脉的平台。多元化的师资队伍为教学质量的有效实施提供了保障。美国高校普遍认为"双师型"的教师团队能更好地胜任教学工作。美国高校对专职的教师定期进行培训,要求他们到知名企业进行挂职锻炼,提高创新创业的实践能力,同时也鼓励专职教师创办实体企业,给予有创业意向的学生"员工"身份,提供锻炼的机会。

4.3.4　美国高校创新创业教育的挑战及突破

高质量的创业教师数量不足,难以满足实际需求。在美国各高校在创新创业师资力量方面存在两个显著的问题:首先是每个学科领域或多或少缺乏优质的创新创业教师,这主要是因为创业教师必须是同样受到其他学科领域专业人士的承认。其次是专门授予创业学专业的博士学位数量不多,这就意味着如果要解决这一问题,美国必须使更多学校的商学院开设创业学专业博士学位。目前,仅有 8% 的商学院如科罗拉多州大学、雪城大学、乔治亚州大学、印第安纳州大学和凯斯西储大学等开设了创业学专业博士学位,设立了创业学博士生项目,进行创业学专业博士的培养。创业学专业博士的培养应该得到国家和社会的大力支持,真正把壮大创业教育师资队伍作为国家创业学健康发展的重要内容。

运用科技手段发展创业教育实现度低。随着科技不断进步,电子计算机在第三次科技革命后实现高速发展,人类的生产生活方式发生翻天覆地的变化。而创业教育的起步时间正好赶上第三次科技革命,甚至称得上是基本保持同步,原本美国认为第三次科技革命会成为创新创业教育发展的强大驱动力,但是在 2002 年美国针对创业教育是否受到第三次科技革命推动开展的一项全国性调查表明,仅有 49% 的受访者借助网络将创业信息传递给学生和创业者、30% 的受访者表示得到在线的技术援助、21% 的受访者会使用远程学习技术了解并学习创业教育课程。由此可知,直到 21 世纪初,想将科技融入创新创业教育中的设想并未达到预期的效果。

为了实现创新创业又好又快发展,创业教育必须与当前国际市场的发展紧密结合,顺应时代发展的潮流,积极融入。目前信息化浪潮席卷全世界,企业之间竞争异常激励,商业信息瞬息万变。创业教育如果想不被淘汰,就应当将自己和科技革命结合起来,将最新、最前沿的创业信息利用技术传达出去。但是就个别例子来说,创新创业教育和科技革命已经有效结合且发展势头迅猛。如乔治华盛顿大学研发并在全校范围内投入运行了一个名为"普罗米修斯"的软件,通过在线讨论的形式引发师生之间互动,使创业信息及时得到交流。印第安纳大学的凯利学院致力于发展在线教育模式,名为"凯利直接",即整个教育学学位的课程都是以在线教育的方式实现的。州立博尔大学使用电子媒体设备传授和创业相关的课程,并且校外学生可以通过自学视频了解该课程的主要内容。同时州立博尔大学也是第一个提供 MBA 学位远程教学的学校,远程教学的优点在于其不会受到时间、空间的影响,以一种方便、低成本的模式受到职人员这一学习群体的欢迎。总之,成功将科学技术融入高校创业教育中还需要多方共同努力。

陷入自满、停滞的泥潭。美国大部分研究者和学者认为美国创新创业教育已相当成熟,可是仍有一部分学者坚持创新创业教育并未受到应有尊重,离理论上的成熟还有很大差距,提醒人们不能将创业教育置于自满、停滞的泥潭中。尽管美国有 1 000 多所高校致力于发展创新创业教育,增加 300 多个客座教授职位,但这些表面现象并不能成为创新创业教育发展成熟的依据。有关学者认为少数老师的坚忍不拔的毅力以及无私忘我的奉献是美国高校商学院取得初步胜利的前提。然而,创新创业教育受到应有尊重和获取正式的领导地位才是"真正的成熟"的体现。具体表现在:美国国内各高校创业学院的数量,年轻教师在创业领域做出杰出贡献而被授予终身教授的人数数量,现任院长有多少最初只是创业讲师,通过努力成长起来并在发表的创业学术期刊中获得最高排名的数量,这些答案才是美国国内创新创业教育发展的现状。目前迫在眉睫的是激发师生的激情,正确认识到创新创业教育急待发展,不要停滞在"洋洋自满"的阶段。

4.4　美国高校创新创业教育启示

4.4.1　我国高校创新创业教育的兴起

创新创业教育为美国各行各业源源不断地输送人才,使美国长期保持经济强国的地位。繁荣的经济促使大批成功的社会企业鼓励创业教育的发展,由此可见美国已然形成了互动的创业环境。但是反观中国,毕业生选择创业的比例极少,因此加强大学生创新创业教育对我国严峻的就业形势来说具有非凡的意义。我国每年毕业大学生相较于国外数量庞大,但创业比例很低,不到毕业总数的 1%,而发达国家一般占 20%～30%。清华大学创业中心的调查报告表明,中国的创业教育平均水平低于全球创业观察统计出的全球平均水平。并且我国大学生创业成功率也相当低,据教育部 2004 年的一项报告表明,在中国较早的 97 家由学生创办的企业,其中只有 17% 盈利,学生创办的企业,5 年内也只有 30% 能够生存下去。

我国创新创业教育主要历经了两个阶段的发展:20 世纪 80 年代初到 21 世纪初为第一阶段,是国内摸索阶段,同时也属于创业教育的萌芽期。这一时期各高校在创业教育各方面自主探索,政府以激励政策大力发展创业教育,学者对创业教育着手进行研究,在 1989 年往后的十年中,60 多篇有关"创业教育"的论文在中国期刊网上刊登。1997 年"清华大学创业计划大赛"正式开启了中国高校创业教育的序幕。1998 年,清华大学为中国国内首个响应政府号召的高校,为学习 **MBA** 的学生开设了"创新与创业管理方向"课程,为本科生提供"高新技术创业管理"课程,另外清华大学还在第二课堂组织各种与创业有关的讲座,使创新创业思想深入学生心中。1999 年教育部公布《面向 21 世纪教育振兴行动计划》,明确提出对国内各高校的师生开展创新创业教育,并且开设相关课程。

我国创业教育发展的第二个阶段是从 21 世纪初期至今,这一阶段是创业教育发展的高峰期。2002 年,国家教育部选择了清华大学、上海交通大学、中国人民大学等 9 所高校进行大规模创新创业教育试点,给予优惠政策以及资金上的全力支持。第一期创业教育师资培训活动于 2003 年下半年举办,培训对象是来自全国几十所高校的知名骨干。作为国内高等学府,各个高校以不同形式将创新创业教育融入学校。如清华大学以低价金额租给本校有创业意愿的学生创办企业，以资金支持的方式降低创办公司的成本，鼓励学生创业。厦门大学则从 2003 年起为 MBA 学生提供创业管理课程，并邀请社会成功创业家进行授课以及经验分享，定期推出创业经验讲座，鼓励全校师生参与具体创业项目。2005 年厦门大学又在全校范围内推出选修课《大学生创业计划与实践》，并将其纳入学校创新创业培训板块。复旦大学专门拨出一百万资金，用于学生创新创业计划，同时学校积极对外拓展，与浦东张江高科技园区达成长期合作关系，为学生提供广阔的交流和实践平台。华东师范大学推出并鼓励学生参与"创业教育课"，积极向学生传递创新创业观念的重要性，促使学生转变观念，培养自身的创新能力。东华大学在选修课程中增设了一门"创业与风险投资"的课程。上海市各高校在创新创业教育方面起到了带头示范作用，短短几年时间各高校在创新创业教育方面已经初具规模，各种配套设施逐渐完备。

近十年来，国内重点大学从零基础开始实施不同程度创新创业教育，取得一定成效，并能为国内其他学校提供成功的可以借鉴的宝贵经验。

第一种是以深化学生创新创业理论知识、加强学生创业实践技能为侧重点的模式，典型代表是北京航空航天大学。学校专门成立了负责与学生创新创业事务有关的"创业管理培训学院"，为学生创业提供咨询服务。另外，学校还设立了数百万元创新创业基金，在对学生的创业计划可行度进行评估后，如果发现计划有高度可实现性，便会以"种子期"的方式进行融资

第二种是以侧重培养学生整体能力、提高学生各方面素质，将创业教育和素质教育有效结合的模式，典型代表是中国人民大学。学校努力将第一课堂与第二课堂的优势融合起来，形成一种新的教学方式。就第一课堂而言，加大选修课程占总课程的比重，增加"创业家精神""创业模式管理"等课程，培养学生的创新、批判思维。在第二课堂方面，学校以公益实践为导向，创造性地激励学生投入各种社会实践活动和社会公益活动，在实践中总结经验。

第三种是以上海交通大学为代表的创新教育模式。该模式认为创新教育理论是创业教育实践的土壤，学生基本素质的培养在传授专业知识的过程中极为重要。再者，由于资金和必要的技术咨询是学生创办公司的根本前提，所以学校成立专项资金以及设立专门咨询机构以供学生在遇到困难

时寻求帮助。另外,学校热衷于举办大学生创业比赛,以开放的形式鼓励各大高校学子参加,以期实现智慧的碰撞,在比赛结果公布后尽可能创造条件,将竞赛中选拔出来的可行项目向实际应用层面延伸。

4.4.2　我国高校创新创业教育存在的问题

历经几十年的发展,我国在创新创业教育领域不断取得进步,得到社会各界广泛肯定和支持,国家也通过出台相关的法律法规鼓励创新创业教育的发展,学校则日渐加强与企业的联系,与其进行深度合作,合作领域不断拓宽以及合作的数量逐年增加,创新创业教育在国内呈现出蓬勃发展的势头,但与国外完备的创业教育发展体系相比,我国的创新创业教育只能称得上是处于萌芽期,未形成系统化的课程体系,缺乏高质量的师资团队,不能及时满足学生的创业需求。在对 18 位创业大学生调查中发现,13 位学生创业者认为学校教育对其创业活动影响极小甚至是没有影响,他们都称并未在学校接受过正式的系统化创业教育。这个调查结果不仅说明在我国现有的教育体系中创新创业意识的培养是缺乏的,更说明我国高校普及化的创业教育还有待发展,并非每个具有创业意愿的学生都能得到学校创业教育的机会。总之我国目前的创新创业教育仍是较低水平的,这是由于我国当前高校教育模式单一、经济有待进一步发展、人才培养模式陈旧和资本风险意识低造成的。当前中国的创新创业教育至少还受几个方面问题的困扰:

偏重理论知识而不是实践能力的教学模式。传统的填鸭型教育方式使中国的学生长时间以来接受灌输教育,教师是课堂的中心,学生大多情况下充当着听者的角色。以教师单向知识输出为主,极少与学生进行"对话和交流",未形成动态交流模式。考试主要由老师给范围,采用记忆、背诵知识点等方式,课程基本上不涉及学生的实践能力培养和创新能力提升,长此以往学生便无法完整地建构起创业必备的知识框架和所需技能,与同期的创业者相比学生创业毫无竞争优势可言。

偏重理论知识而不是实践能力的教学模式。目前的现状是,我国的创业教育课程只在少数高校的 MBA 课程里体现,但这也只是凤毛麟角,因为商学院 MBA 课程也尚未在我国高校中普及。更多的学校则是将创业教育课程划分为选修课,不强制学生学习。由于创新创业教育课程没有和学校的教育课程体系有机融合,同时与学科专业化教育的要求还存在相当大的差距,使得创新创业教育完全不具学科优势,使创新创业专业的学生失去自身专业优势的有利依靠。

在创新创业教育课程体系方面,我国与美国课程体系的设置也存在着相当大的区别。美国的创新创业课程体系已经发展到成熟期,具有相对成熟和完善的专业设置。而我国仍停留在初期,没有正式的创业学专业。美国学校创业学主要是创业专业学生占主导,其他专业学生发挥辅助作用。中国高校面向全体大学生,就专业选择来说,区分不明显。美国教学和课程体系更加完善和十分成熟,中国课程体系相对于美国是不成熟的,主要是选修课,加以少许必修课、实践课程则更少。就课程实用性来说,美国课程主要特征是强实用性,大部分学生的学习意愿很强,怀有创办企业的意愿和想法。而中国的课程是低实用性、强理论性。美国高校有着明确的教育学历分层,具体是本科、硕士、博士,针对性强。中国主要是本科生,少数硕士生,基本没有博士生。美国多数是商学院主导管理,部分高校还成立专门的创业中心独立引导教学与发展。中国大多高校指定学生工作部门管理创新创业教育,不设立专门的管理团队。美国创业课程内容针对性强,通常由具有几十年创业经验的成功企业家们组成小组进行编写,经得起时间和实践的检验。中国创业课程的内容不具针对性,内容比较散,创业课程掺杂在一般的经管类课程之中,甚至有些高校直接引用国外的创业教育课程内容,未切实考虑到国外推动创新创业教育发展的各因素和国内有很大差别,不能全盘借鉴。

师资力量不雄厚,教师创业实践经验不足。我国独立的创业教育师资团队在各高校还未建立,教授创业教育课程的老师大部分从商学院和管理学院的教师队伍中抽调。这些师资中部分老师身兼行政工作,一心两用,很难全身心投入科研,还有部分老师从高校毕业,具备高学术背景,但毕业后直接进入高校从事教学工作,明显缺乏创业实践经验,欠缺实战技能。这些教师通常会借鉴经济、管理方面的教材,并从中找到适合的案例作为教学内容,在教学时由于不是自己自身的创业行为,对于细节知之甚少,很难为学生解答,不能将敢于冒险、创新的企业家精神传递给学生,难以激发学生的创业热情。专业从事创新创业教育同时又具备创业经历即两者兼备的教师少之又少。即使是在一些已经开设了创业教育课程的高校中,许多教授也仅仅停留在理论研究,很少有上升到实践应用。因而高校教材的编写和选用也就大多停留在理论研究,缺少创业实践真实案例,最终导致高校创业教育难以健康发展。据清华大学科技园负责人反馈,他们新增的"科技创业理论与实践"选修课,学生反响平平,并未达到预期效果。

创业氛围浓郁度不够。系统完善的创业教育文化环境,是由良好的校园文化环境和社会文化环境组成。因此,创业教育不能单纯看作是学校一方的行为,应该是社会、政府和学校的共同行为,是一项系统工程。政府应通过出台各种政策鼓励创新创业教育的发展,社会企业可以通过资金支持和场地租借等方式对学生创业给予帮助,同时政府要以优惠补贴政策鼓励社会风险投资商主动与学生商谈创业合作。只有将各方的积极性调动起来,以一种互帮互助的形式,使创业气氛真正浓郁起来,再加上大学生接受创业教育的主动性和积极性,真正促进创新创业教育的发展。

4.4.3　我国创业教育的未来展望

始于 20 世纪 90 年代,我国的学者便积极投入创新创业教育的研究。创业教育应该涵盖素质提升、创新发展、终身学习这三个特质。创新精神与开拓精神的教育应放在创业教育的首要位置,强烈的创业意愿是创办企业的前提,只有将创新创业的种子成功在学生中种下,才能使一批创业学生真正全身心投身于创业实践中。同时创新创业教育的发展必须经过时间的沉淀,美国创新创业教育经历数十年的风吹雨打,才成就了目前非功利的、系统的教学过程。

加强企业家精神培养。学校应把培养学生使其具备企业家精神的目标置于首位,使学生通过学习拥有创业思想、创业技能、创业知识及创业热情。将学生创业的急迫需求和创业所需要的基础知识和管理知识相结合。在此基础上,投入真正的实践。学生要想真正具备企业家精神,创业能力是必不可少的,即拥有辨认商机、开拓创新、开展管理、统筹决策、团队合作、沟通协调的能力等。最后,创业品质在创新创业中发挥核心作用。如顽强不屈、高抗压能力、勇敢拼搏、统领全局的能力。

构建理论和实践相结合的课程体系。高校大学生创业教育要做到以创业学学科体系为根基,在这个基础上逐渐建立起可行的创业教育学科课程体系,形成以理论课程与社会实践课程相结合又相互独立的课程形式结构体系。各高校在设置课程时应把握三个原则:一是加强创新教育和实用教育;二是淡化科目界限,促进交叉性学科学习和加强学科之间的融合度;三是要从实际出发,因校制宜,争取建立起具有学校特色的创业教育课程体系。目前我国的创业教育课程分成知识性课程和实践性课程两大类,知识性课程又分为通识课程和学科课程,实践性课程则主要是活动课程。培养语言表达、逻辑分析、知识整合等内容是通识课程的目标。以创业形式开展教学,主要为辨别和抓住机会,创业计划撰写等。学科目标在于使来自不同专业的学生适应本学科创业的课程,将创业教育与学科教学紧密结合,目的在于满足学生的不同创业需求。

加快创新创业教育的师资队伍建设。由于我国的创新创业教育处于起步阶段,专业化师资团队的建设显得格外重要,因为这个团队要起到学科带头作用。高素质、高质量、大规模的教师队伍得以成功建立的前提是聘用高质量教师,扩大选拔范围,包括校外。即拓宽招聘渠道从校外引进或从各个不同领域聘用大量创业经历丰富的人才,如管理主导型人才、创新主导型人才、人才主导型等,推出"创新创业导师+专业化导师+企业型导师"的师资团队。同时国内应从两个方面加强对教师自身素质的培养:一是学校要定期举办以教师为对象的专业培训,政府出台激励政策以此促使教师到创业一线直接参加创业实践;二是高校高薪聘用一些兼职教师包括企业界资深创业人士、成功的学生创业者和创新创业专家。

第 5 章

创新创业教育协同机制的设计

5.1 设计原则及思路

5.1.1 创新创业教育体系的设计原则

经济发展、综合国力增强、社会进步、国民素质提升都必须依赖于教育系统所提供的不竭动力。通过调研掌握就业供给与需求的基本状况,以研究为导向的高校要根据自身条件,整合所拥有的渠道和资源,结合不同理念,为创新创业教育的思路和方式选择合适的实践路径。

与传统教育体系相融合。普通教育和职业教育是传统教育模式中最重要的两个部分。普通教育通常注重身体素质和心理素质的锻炼和培养,即德、智、体、美、劳等全面发展。职业教育则是立足于前者,以所学专业为核心,加强对专业技能和素质的培养,以满足社会经济发展的要求。由于教育需求逐渐向多样化和专业化方向发展,普通教育和职业教育也随之细分,各有其不同的教育理念和模式,在教育体系中发挥着不同的功能和作用。在传统教育中,虽然会无意识地涉及关于创新创业教育的内容,并在一定程度上进行实践,但是传统教育中所涉及的创新创业教育处于零碎且不固定的状态。相比于传统的教育模式,创新创业教育增添了更加符合经济社会发展需求的内容,包括创业精神和创新能力。职业教育与传统教育的发展是相辅相成的。因此,在构建创新创业教育体系的过程中,要充分发挥普通教育和职业教育的基础性作用。普通教育为创新创业教育提供基本的发现问题的能力、知识储备以及创新创业所需的开拓进取、敢于担当的责任感。职业教育为创新创业教育提供相关的专业技能和规范。创新创业教育的实践过程是循序渐进的,有着不同于普通教育和职业教育的教学模式和体系,能够满足学生多样化教育需求。学校作为教育主体应整合不同资源和路径,以普通教育和职业教育为基础,扎实推进创新创业教育相关工作。

创新性与实践性相融合。社会的发展、国家的繁荣、民族的进步离不开创新创业教育的发展。当今世界各国竞争激烈,谁具备创新精神,谁就能在竞争中占领先机,所以敢于创新、积极进取的高素质人才就成为国家发展不可或缺的因素。相对于注重自由发展的自由型高校以及重视学术能力、聚焦学术研究领域的研究型高校,以社会服务为导向的高校则在建设创新创业教育体系的过程中,强化社会服务的理念,注重创新创业教育实践。在此基础上,以社会服务为导向的高校以创新创业为核心,配合学校在教学、管理、科研等领域的改革,对教育方式、人才培养方面进行革新。创新创业教育是面向全社会的,教育理念、教学模式、学习方法是重要的创新内容。学生能够在学习中获得开创性、多元化的思维能力,这是创新创业教育的目的。想要实现这个目标,需要整合多方面的渠道和资源,构建能够满足不同需求的创新创业教育体系。实践能力是在创新能力之外又一不可或缺的条件。与传统教育模式相比,创新的思维方式、创业的行动能力、开拓进取、勇于担当的品质是创新创业教育的核心内容。创新创业教育模式的探索是困难和艰巨的,因为它是对普通教育和职业教育的进一步深化,所以实践能力就成为影响学生创新创业的关键因素。实践能力包括身体和心理两个方面,可以通过学校的教学活动和社会生产相结合的方式来培养。

一致性与差异性相融合。培育具有创新思维和实践能力的专业型人才一直是高等教育的主要目标。创新教育是在创业教育的过程中实现的,不能将二者分离,要将创新教育和创业教育相融合,为学生构建创新创业教育机制,协同不同主体,重点培养学生的创新能力、创新思维、创新意识以及敢于开拓、主动承担的精神品质,这是高校创新创业教育的落脚点。因此,创新创业思维要始终落实在学生的培养过程中,它符合高校专业培养的要求,是培养人才的路径。学术研究是以研究为导向高校的关注重点,但是不同高校受不同因素影响,都会选择符合自身条件的发展方向,所以各个高校在创新创业教育机制的构建上不尽相同。首先,地理因素决定社会环境,处在不同地域的高校有着不同的社会条件,高校在构建创新创业教育机制的过程中可利用的社会资源存在差异,这直接影响高校对创新创业教育实践模式、教育方式的选择。其次,发展导向存在差异的高校在人才教育的目标定位上也是不同的。高校应充分了解不同专业的学生的需求,以专业类型为基础,针对性地对学生的创新创业教育制定个性化的教学内容和目标,照搬其他高校的教育模式是不可取的。

主体性与互动性相融合。创新创业教育的目的是培养具有创新意识和创业精神的人才,所以在教学过程中要将主体性与互动性充分融合。老师和学生在创新创业教育中发挥着重要作用,在以研究为导向的高校中,师资力量充足,科研水平较高,老师既可以开展教学工作,也能推动高校科研水平的发展。通过教育让学生获得知识和技能,并将其运用到实践中以满足社会多样化的需求是高校培育学生的根本目标。因此,在教学过程中要帮助学生制定符合自身条件的目标,注重培养学生的个人品质,让学生在学习过程中学到知识和技能的同时,又能感受到人文关怀。师生之间的互动在创新创业教育中发挥着重要作用。避免单向的灌输式的教学模式,丰富教学内容,创新教学方式,在教学过程中重视与学生的沟通与互动,增强师生之间的了解。老师要及时掌握学生的反馈,通过多样的沟通渠道帮助学生提高发现问题、解决问题的能力,发掘学生的创新意识和创业精神。人们常常片面认为创新创业教育仅仅是为了培育新的企业开创者和提高就业率,对其更深层次的作用缺乏了解和认识,在这种思想的影响下容易使创新创业教育成为成功者的宣传平台,在教育理念和模式上偏向功利,与创新创业教育的初衷渐行渐远。

创新创业教育体系的设计思路。创新创业教育机制的建立对高校来说是一项艰巨的任务,需要协调多方力量参与其中,与传统教学聚焦学科建设相比,创新创业教育在提高知识水平和技能的基础上,更强调学生与社会的匹配。所以,高校应整合多方资源,协调各方力量参与到教学过程中,构建创新创业教育机制,为学生提供细致全面的创新创业的指导。高校创新创业教育将创新作为最根本的教育理念,这是与传统教育思路和模式最大的不同。创新创业教育机制的构建要根据社会和学生的需求制定新的培育标准和目标,高校应将创新意识和创业精神贯彻到教学活动中,并与学校的长期发展目标相结合。高校既要让学生们学到基本的知识和技能,又要通过创新创业教育引导学生对知识和财富的开拓,培养学生发现问题、解决问题的能力,树立创新创业的思维和意识,以及敢于担当、勇于探索的个人品质,促进学生的全面发展。具体来说,高校可以建立合理的奖励制度,例如针对学生的创新创业制定激励标准,对有意愿创业的学生提供知识、物质以及政策上的支持。如果创业顺利,学校应给予积极肯定,如果创业遇到挫折或失败,学校不能置之不顾,应帮助学生发现问题并给予支持,通过合理的激励制度,帮助学生加深对创业精神的理解,使学生将创业作为步入社会的重要选择之一,让学生在知识储备、专业技能和心理素质上做好准备。

高校在创新创业教育机制的构建过程中,应将教育目标和理念作为出发点,在教育过程中始终贯彻创新创业的目标和理念,把创新创业的思维方式深入到教师队伍的建设和学生的培育中。通过对学生知识储备、专业技能、心理素质和个人品质等方面进行全面培养,将创新创业的理念和思维方式与人才培养机制相融合,在学生学习的过程中就能培养创新思维和创业精神。在具体课程内容的选择上,学校应将创新创业的理念融合其中,为学生创业提供扎实的专业技能和心理素质基础。在教学方式上,除传统的学校教学之外,还应注重对学生实践能力的培养,丰富实践课程内容,例如举办创新比赛、建设创业基地等方式,让学生能够将自己的思考转化为实践,积极锻炼学生主动发现问题、解决问题的能力,通过此过程将学生的创新意识和创业精神激发出来,为学生创业奠定基础。高校在构建创新创业教育体系的过程中,还应注意传统教育内容与前沿的教育理念的结合,只有在传统教育的基础上吸收应用好新的教育理论,才能更加高效地构建创新创业教育体系,并真正发挥创新创业教育作用。

综上所述,社会发展日新月异,对人才的需求也在不断变化,高校在建设创新创业教育时应在发挥传统教育模式优势的基础上顺应社会发展需求,重视教育的社会服务功能,协调和调动多元主体参与到创新创业教育中来,以学校为主体,整合多方资源,构建完善的创新创业教育机制。

5.2 "校企"教育协同

5.2.1 校企协同人才培养的目标定位

校企协同人才培养的宗旨。满足区域和不同行业经济发展需求、培育符合社会要求的专业型人才,匹配高等教育改革和发展的要求,把学生作为教育的核心,培养专业技能;高校与企业建立多样的合作关系,包括技术研发、学术研究、人才培育以及社会服务等,将学校的教学资源和企业的社会资源相结合,推动校企的协同发展,这是校企协同教育的基本目标。

校企协同人才培养功能定位。高校身处教育改革的一线,应提高为经济发展服务和满足社会发展需求的能力。对此,高校应充分整合资源和渠道,以区域经济为基础,构建完善的校企协同机制。处在市场竞争环境中的企业对人才的需求是多样的,高校要重视对学生创新创业教育的投入,为学生提供社会服务的平台,帮助学生更好地与社会需求相匹配,既能充分发挥人才对社会经济发展的推动作用,又能提高学校创新创业教育平台建设水平,促进学校综合实力的提升。

校企协同制定人才培养目标。高校和企业作为校企协同创新创业的主体都应参与人才培育目标的制定。企业想要获得符合自身长期发展需求的人才,需要将企业的长远发展目标与人才培育相结合,对人才精准定位和培养。国际竞争日趋激烈,创新越来越成为提高综合国力的关键因素,国家和社会的发展对具备创新素质的人才需求增大。高校是培育人才的最重要主体,以研究为导向的高校应承担起培养创新型人才的责任,和企业共同构建创新创业人才培养平台。与研究为导向的高校不同的是,以教学为主的高校主要任务是培育本科生,人才类型主要为重视实践的应用型人才。所以,以教学为主的高校应与企业协作制定符合社会经济和企业发展需求、能够提高实践能力的人才培养机制。兼具研究功能和教学功能的是以教学研究为导向的大学,培育对象主要为本科人才。由于自身的定位,教学研究为导向的大学更注重培养学生的综合技能。因此,具有良好学习能力、应用能力、实践能力和创新能力的人才是以教学研究为导向大学的培养目标。

5.2.2　校企共建教学体系

培养目标的实现必须以完善的教学体系建设为基础。课程内容不能及时跟上社会经济发展的变化,教学方式上缺乏与学生的沟通和互动,不能为学生提供充足的实践机会,不符合社会发展的实际要求,这些都是传统教育存在的问题。所以,学校和企业应在教学体系建设方面相互协作,共同制定符合学校和企业需求的教育体系。

　　理论课程体系建设。在理论课程体系建设方面，专业课程和专业基础课程是国内高校专业课程最重要的两个部分。专业基础课程分为理论教学和理论实习、实践的教学环节，主要目的是培养学生的基本知识和基本理论基础，提高学生的基本知识和技能。达到专业培养要求的工程基础类课程、专业基础类课程和专业课程所占学分比例应占到三分之一。工程基础类的课程与专业基础类的课程都应发挥数理学科和自然学科在提高学生应用能力方面的作用，这些都应在课程的制定过程中予以体现。专业类课程在设计中则应该注重培养学生的实践能力。高校的课程设计不应仅局限于本校，还要为学生提供多领域、跨专业以及其他学校的选修课程。社会经济各领域联系日趋紧密，每一个领域和专业都不可能独立发展，都需要加强和其他领域的联系与交流，以此来推动自身领域的发展。国家之间的交流与合作也是同样的道理，国家的发展也越来越需要具备综合素质能力的人才。所以，选修课程在设置上应注重多元化。学生通过基础课程的学习达到课程要求后，学校应引导学生选修对自己专业有帮助的跨领域学科课程。既能通过理工学科提高实践能力，又可以通过人文学科培养逻辑思维的能力，多学科课程的学习有利于提高学生的综合能力，为培养创新思维奠定基础。具体来说，文科学生选修符合自身发展需求的理工科课程，锻炼自身的实践能力。理工科学生选修适当的文科课程，增加社会科学的知识储备，提高自身的文学水平。除此之外，学校还要引导学生选修其他学校的课程，不仅能增加学生获取知识的渠道，也能提高各学校教育资源利用效率。当今社会各行各业都在不断发展变化中，高校要围绕社会发展需求开设相关课程，也要随时根据行业变化更新课程内容，以符合社会的发展要求。当前大部分高校与企业的沟通仅仅局限于管理人员层面，使得校企协同的主要参与者缺乏交流与沟通，造成学校对企业的需求了解不足，在课程制定上容易与企业的发展产生偏差。因此，学校与企业的沟通层面下移，让双方能够清楚彼此的想法和需求，这样可以减少课程设置的误差。此外，学校要对所开课程相关领域保持高度的关注，时刻掌握行业的变化动态，及时对课程方向进行调整，既让学生学到最前沿的行业知识，也积极满足社会发展的变化需求。

　　实践课程体系建设。为了提高学生的实践能力和创造能力，学校与企业应积极协作，在课程设置上为学生提供能够把学习到的理论知识转化为实践的平台。从企业的角度来讲，让学生参与与企业发展相关的研究项目和课题,在学校老师和企业相关人员的指导下对项目或课题进行研究,在这个过程中,学生的专业技能能够快速提升。在与企业项目有关的课程设置上,学校应制定合理的学分标准,提高学生参与积极性。此外,学校还要注重培养学生的实践能力,通过设置相关以社会服务为导向的课程,帮助学生所学专业与社会需求相匹配。

开设第三学期。通过设置第三学期的课程形式指导学生实习,让学生有机会将学到的理论知转化为实践。开设第三学期是在国内高校采用"3+1""3+2"教学方式的基础上开创的新的教学模式。当前国内只有少数民办高校设置有第三学期,公立高校对开设第三学期投入不足。第三学期的设置不影响第一、第二学期的课程计划,它是在前两个学期课程周数不受较大影响的基础上,将第一、第二学期的部分课时整合为第三学期。第三学期的课程有别于第一、第二学期,包括课程设计、综合实验以及专业实习等实践内容。学生通过第三学期的学习,能够将前两个学期所学理论转化为实践,并在实践中总结之前学习存在的问题,并在接下来的学习过程中积极解决,发挥第三学期的过渡作用。经济社会发展需求变化较快,因此第三课程的设置也要不断更新,更需建立与第一、第二学期的教学联动机制。规范的课程设置和充足的资金支持是第三学期正常开展的重要条件。在课程上主要有实习地点、实习内容、考核标准等设置。首先,指导老师在第三学期的教学过程中发挥着重要作用,老师的教学时间和教学难度增加,所以应合理增加教师的收入水平。其次,实践课程是第三学期的主要内容,学校的设备损耗增加,为了确保课程任务的顺利进行,学校应加大对设备维护的投入力度。第三,和学生学习生活相关的图书馆、专业教室、宿舍、食堂工作时间也要根据学生的课程活动进行合理规划。第四,学校对于学生在实习过程中的安全问题都要做好全面、细致的管理。由于不同于第一、第二学期的教学模式,学校需要科学制定第三学期的考评体系。每个学校都有各自不同的特点,因此第三学期的开设没有统一标准,学校应根据条件的不同制定符合自身发展的运行模式。

实施双师型教学。加强高校与企业之间的人员交流是增进双方了解、提高合作水平的重要途径。部分学校和企业建立研究所,学校教师应在研究所的课题研究人员中占一定比例,聘任专家要对学校和企业有足够的了解,搭建教师、专家和企业人员沟通交流平台,发挥各方长处,提高工作效率。教师在研究所中能够接触到社会经济发展的前沿问题,可以将最新的知识教授给学生,拓宽课堂内容的来源渠道,让学生所学理论更好地与应用相结合。学生在对前沿问题的了解和学习的过程中,锻炼了发现问题、解决问题的能力,最重要的是学生的创新意识也大大增强。以大连理工大学为例,学校和企业通过人才协同培养机制建立研究院。学校派出骨干教师参与到研究院的研究工作中,并开展双师型教学,研究院聘任的专家进驻企业一个半月对其进行考察调研。通过这个过程高校能够及时掌握相关领域发展的变化动态,推动高校科研工作持续发展,也能帮助企业提高经济效益。高校可以在派出骨干教师进驻企业的同时,聘请专家进校教授相关课程,通过双师型教学模式推动校企协同培养人才机制的建设。

5.2.3　校企共同实施培养过程

订单式培养。订单式培养是指高校和企业签订用人合同,以高校教学资源和企业社会资源为基础,双方共同参与人才培养计划的制定以及人才培养落实的过程,学生通过考核达到培养标准,企业按照合同规定安排学生就业的协作办学模式。订单式培养的最大优点在于高校、学生、企业之间的关系是平等的,三方都能在人才培养中发挥各自的主体作用。企业应把握好行业发展的方向,根据企业发展的需求制定培养标准和数量,以订单形式交由学校对学生进行培养管理。在培养人才过程中,学校和企业应加强沟通,把握企业和社会发展的需要,协同制定培养方案和目标。企业将行业最新的动向提供给高校,高校则以校企协同制定培养方案对学生进行定向培养,学生达到考核标准,毕业后由委培单位安排就业。"一班一单"和"一班多单"是订单式培养的两种形式。"一班一单"是指一个企业的职位需求都为同一个专业,而且企业对该职位的需求数量能够组建一个班级。而"一班多单"指的是企业缺少某一领域的专业人才,但是对该类人才的需求量不足以组建班级,为了提高人才培养的效率,多个企业共同下订单,高校则将职能相近的岗位整合在一起,培养学生的职业岗位能力,即一个班级和专业与多个企业订单相对应。为了保证订单式人才培养的质量,学生可自愿报名,通过初审的学生组建班级,并在企业的实训基地接受培训,通过严格规范的考核提高学生专业技能,满足企业的需求,使学生素质更好地与企业发展相匹配。学校和企业之间良好的互动交流是订单式人才培养顺利开展的重要条件,包括招生、专业设置、岗位要求、教学内容与企业生产经营相匹配等问题,这些都需要双方在确定订单前达成一致。企业应将长期发展规划和需求明确向学校传达,避免培养过程出现偏差,提高培养效率,降低培养成本。

校企教育资源共享。校企协同的培养模式还在不断发展中,学校和企业应同心协力,探索构建校企的沟通交流机制,双方应整合共享人才培养资源,提高人才培养的资源利用效率。企业竞争力的增强与高校科研水平的提升以及创新创业机制的构建都有赖于校企协同及教育资源的共享。实习平台由企业搭建,高校则给予企业技术研发支持,以人才协同培养机制为基础为企业输送专业人才,形成合作共赢的良性互动机制。整合高校的教育资源和企业的社会资源,为学生的培养提供优质资源,不仅有利于创新创业协同机制的建设,也有利于为社会发展提供所需人才。企业的创新能力、人才队伍的建设都能从校企教育资源共享中受益。学校和企业共同建立实验室是资源共享的另一种形式。实验及实习所需的设备由企业提供,学校则提供教学设施和师资力量,通过资源的整合与共享,提高资源利用效率。将人才的培养和员工的培训相融合是协作共建实验室的特点,能够实现校企的优势互补,降低培训成本。实验室的建设要以教学内容和学生能力为基础,建设满足多样化需求的实验室,包括基础实验平台、综合应用实验室以及创新研究实验室。基础实验室主要为大一新生设立,将课程教学与实验相结合,培养学生的基础知识和实验技能。综合应用实验室则面向二年级以上的学生,通过创新型和开放型创新实验内容提升学生对知识的实践应用能力。创新研究实验室则为理论知识掌握牢固、实践能力出众的学生提供科研和创新实践的平台。创新研究实验室的实验环境和设备水平较高,在企业项目的引导下,有利于学生创新意识的培养。实验室及实践基地的硬件条件对学生的培训发挥着至关重要的作用,但是设备的维护与更新需要较大投入,仅仅依靠高校自身的力量难以满足教学发展的速度,导致人才培养达不到企业的要求。建立完善的实验、实践基地对于大多数高校来说还较为困难,实训设备若跟不上教学内容的变化,会造成学生的实践能力与企业的需求不相匹配。因此,借助企业力量有利于减轻高校负担。具体来说,高校向企业提供技术服务和有偿服务,企业则给予高校实验设备资源,这对双方来说是互利共赢的。技术是企业发展的核心要素,高水平的员工培训既能够减少设备养护的成本,又能帮助企业提高生产效率,降低生产成本。所以,设备维护与员工培训等问题通过与高校合作,用实训设备置换技术支持和员工培训能够得到有效解决。

学校冠名企业。除了与企业合作的模式,高校还可以通过冠名企业的方式培养人才,这样有利于减少学生将理论知识转化为实践过程中的约束,提高学生的实践能力和创造能力。在挑选冠名企业的过程中,高校应注意企业的生产经营活动是否与学校的专业方向相符,企业的技术是否成熟,这些都会影响冠名后人才培养的成效。确定冠名企业后,高校应给予企业科研和资金支持,使其成为学校发展的一部分。准确合理定位冠名企业的地位是发挥校企协作建立教学基地最大效用的前提。合作机构的确定也是高校冠名企业发挥作用的重要条件。由企业、行业协会、劳动局、教育局、高校等选派代表组成培训委员会。此外,制定合理的教学标准,在实训基地设置教学经理岗位,理论教师和实训教师的配备应与学生、实验设备的数量相匹配。理论教师和实训教师应注重沟通协作,加强双师型教师教育模式的建设。若学生人数充足,则需设置教学经理助手岗位。通过精细化的管理模式,要积极推动校企实践基地的教学内容、标准与企业发展相适应。将企业真实的生产环境与教学环境相融合是高校冠名企业最重要的特点。实训基地整合了高校和企业资源,为学生提供了真实的生产环境平台,也是构建创新创业教育校企协同机制的载体。实践基地既将教学内容带进了工厂,也让学生在企业环境中得到了锻炼。企业通过实训工厂提高了生产效率,降低了生产成本,学校通过实训工厂为企业培养实用型人才,实现了教育目标。

5.2.4 建立校企双方有效协同的机制

建立校企协同的引导机制。高校和企业应共同参与到校企协同引导机制的构建中。校企协同工作委员会是首先要建立起来的,成员包括企业、行业以及高校的管理人员。委员会的主要工作任务是审议培养模式、培养目标、师资队伍建设以及招生就业等问题,此外还应随时掌握行业发展变化,及时对人才培养课程设置和校企协同发展方向作出科学调整。技术合作开发委员会也是校企协同引导机制的重要组成部分。该委员会主要由学校骨干教师和企业技术人员构成,主要职责是根据市场需求的变动,对企业生产升级换代提供科研支持以及高校的理论成果应用到实际生产。为了保证校企人员的研究方向始终符合社会发展需求,委员会还应承担起校企人员培训以及传达行业动态的职责。

建立校企协同的管理与反馈机制。校企协同的管理机制包括统筹规划、相互协调、自主发展等内容,这些都需要以协调理论为基础建立。通过协同管理机制,有效加强校企的合作关系,提高资源的整合度,形成互惠互利的合作基础,充分提升校企资源的利用效率,保障人才质量符合企业生产经营需求。校企协同反馈机制的建立需要与管理机制相结合,管理过程中出现的问题要及时通过反馈机制向校企双方反映并予以解决,维护协同机制的运转秩序。

5.2.5　改变校企双方传统的观念与文化

转变校企双方的传统观念。当前高校和企业对校企协同机制的看法存在差别,企业常常对校企协同漠不关心,而高校则对校企协同展现出积极的态度。造成这种差别的原因并不复杂。众所周知,获得更多的利润是企业始终追求的目标,但是由于企业对校企协同缺乏认识和了解,认为高校是培育人才的主体,校企协同会增加企业的生产成本,不利于企业生产规模的扩大。在这种认识的影响下,企业不愿主动参加校企协同机制的构建。高校虽然态度积极,但是仍然受到固有观念的影响,认为传统课堂式教学是培养人才的最重要途径。受限于校企双方的传统观念,企业在机制构建中处于被动,高校的教学模式也缺乏创新。高校和企业虽然承担着不同的社会责任,但是从功能和作用上看,双方也有着良好的合作基础。高校为社会经济发展输送人才,企业作为经济活动的参与主体,直接受益于学校的人才培养,企业通过人才提高生产效率,获得更多的利润,为社会创造出更多的价值。可以看出,高校和企业都承担了服务社会的责任。因此,企业在生产经营活动中理应与高校协作培养人才。企业应认识到校企协同不仅仅能够培养人才,还能在高校的支持下获得科研支持。高校也要更新观念,依靠社会力量扩宽人才培养的渠道。在校企协作中,高校应依托科研资源为企业发展提供技术研发支持。企业将高校提供的理论转化为生产实践,也有利于高校科研水平的提升。高校为企业提供人才培养和技术支持,企业为高校提供设备支持,既能降低培养成本,又能提高学生的专业技能,所以,校企双方都应更新传统观念,积极参与协同机制的建设。

融合校企文化。高校发展不仅要有良好的硬件条件,还需培养具有自身特点、被社会广泛认同的高校文化。优秀的高校文化不仅能够培养出优秀的人才,还能极大地提升学校综合实力,高校文化越来越成为学校发展的核心推动力。作为社会文化的一部分,企业文化与高校文化有着相同的文化属性,两者既存在联系,也有各自发展的独特性。企业是市场竞争的参与主体,所以企业文化建设服务于企业生产经营活动。优秀的企业文化能够影响员工的思想和行为,帮助员工解决工作中遇到的问题,为企业发展提供文化动力。高校文化和企业文化在内涵上存在联系,不少企业文化的内容都能从高校文化中找到相同的部分。企业发展和行业的变化对高校文化的影响也十分明显,特别是与社会服务联系紧密的应用型专业和学科。随着社会竞争日趋激烈,终身学习已经被人们普遍接受。学生在学校接受专业知识和技能的培训,进入企业后并不意味着学习生涯的结束,仍然需要学习掌握在企业环境中所必备的能力。因此,将高校文化与企业文化相融合,让学生在校学习期间感受到企业文化,引导学生找出高校文化与企业文化的契合点,帮助学生在认同高校文化的基础上更好地接受企业文化,适应企业的竞争环境,提高自身的抗压能力,促进从校园学生到企业人才的定位转换,锻炼学生的职业能力和社会适应能力。

5.2.6　校企协同人才培养的评价标准

校企协同培养人才的评价包括三个方面,即知识、素质和能力。评价标准要科学合理,最重要的是要与人才发展的规律相适应,高校和企业加强沟通协作,共同参与评价标准的制定。学生是人才培养的主体,高校和企业还应共同承担人才培养的评价责任。

知识方面的评价标准。知识方面的评价包括基础知识和专业知识两个部分。首先,在基础知识上,要掌握本专业涉及的自然科学和经济管理类知识。其次,在专业知识方面,要具备良好的理论应用基础和工程实训基础,了解专业和行业的发展变化,熟练应用与专业相关的法律法规政策以及行业技术标准。

能力方面的评价标准。能力方面的评价主要包括学习能力、发现并解决问题的能力、创新能力和实践能力。学习能力包含学习的方法与技巧,方法指的是获得知识的能力,技巧指的是对新知识的探究与应用能力。发现并解决问题的能力是以所学理论知识为基础发现解决问题的方式和途径。创新能力是指具备创新思维以及研发新产品的科研能力。实践能力指将掌握的理论知识转化为生产实践,并在实践中发现问题、表述问题的能力。

素质方面的评价标准。良好的职业道德素养,对所在行业充满热情,敢为人先、吃苦耐劳,始终保持学习的态度,具备优秀的个人品质,敢于承担责任,善于沟通,能够与他人建立良好的合作关系,注重工作质量和安全,保持良好的职业习惯和态度,以上都是素质评价所应具备的标准。

5.3　"三课堂"时空协作构建

培育具备创新意识和创业精神的人才是高校推动创新创业教育的最重要意义。学生是创新创业教育的核心,是构建创新创业教育体系的主体。建立科学合理有效的创新创业教育体系,必须覆盖所有学生群体,以第一课堂为平台,教授学生创新创业的理论知识。在此基础上,在第二课堂加入实践化的教学内容,通过校企协同创建的实训基地,帮助学生将理论落实到应用与实践中,更加贴近真实的社会环境,提高学生综合能力,满足社会发展需求,构建"第一课堂、第二课堂、基地实践"的创新创业教育体系。

创新创业教育体系的建立涉及不同领域和多元主体,需要各方面协调合作,在理念内涵、理论构建以及实践模式的选择上合理规划,建立起教学内容科学规范、培养目标设置明确、评价标准合理有效、保障制度完善的"第一课堂、第二课堂、第三课堂"创新创业教育体系。

5.3.1　"三课堂"创新创业教育体系基本目标

"第一课堂、第二课堂、实践基地"创新创业教育是一个综合性概念,它是在探究创新创业教育内涵的过程中形成的。以第一课堂、第二课堂和实践基地为基础,为所有学生提供"结合专业""分类施教"以及"实践培训"的创新创业教育平台是创新创业教育的基本目标。

5.3.2　"三课堂"创新创业教育体系内容构成

创新创业教育在"第一课堂、第二课堂、实践基地"的教学内容上是逐级深入的,第一课堂主要对学生进行创新创业的基础知识教育,第二课堂将实践活动融入课堂教学,基地实践则从课堂走向实训教学。具体概括为通识类教育、融入类教育、活动类教育、实践类教育和职业类教育,形成"三轨并行、五类教育、相互扶助"的行之有效的创新创业教育体系。

以研究为导向的高校建立创新创业教育体系必须改革现有教育模式,在培养学生的过程中要始终注重学生综合素质的提高,改变传统灌输式的教学方式,引导学生树立问题意识,锻炼学生主动探究问题并解决问题的能力。在教授理论知识的同时鼓励学生将自己的想法应用于实践,并在实践中不断提升学生的综合能力。将理论知识与实践培训相结合,加强与学生的互动,给学生创造更加自由的实践环境,鼓励学生将自己的想法转化为行动方案并予以实施。整合教学资源和校外资源,增强学生的创新创业的实践能力。教学内容要紧贴社会发展的方向,将最前沿的知识、理念和技术传授给学生,启发学生主动探究问题的意识,为学生创新创业奠定扎实的理论和实践基础。

第一课堂课程化创新创业教育。创新创业教育的关键是课程体系的建设,课程形式包括"第一课堂、第二课堂、基地实践"。创新创业教育的原则包含三个方面,一是教育对象为全体学生;二是教学内容要与不同专业相匹配;三是培养目标要与人才培养模式改革方向一致。创新创业教育包括"通识型"和"融入型"两种教育形式。在这当中,针对所有学生开展创新创业必修类课程教育和选修类课程教育是"通识型"创新创业教育的形式。具体来说,一是针对本专业学生开设的是必修类课程,设有固定的学分,可以实现对本专业学生有效的"通识型"创新创业教育;二是创新创业类选修类课程对本专业及其他专业学生开放,将专业课程中的创新性课程设置成为任选课的形式,创新创业类选修课在创新创业教育中发挥着重要的作用,是必修类课程的补充与延伸。高校可以通过创新创业必修类课程和选修类课程这两个重要的工具,再结合传统的培养模式,根据学生的多样需求,选择适合学生发展的课程形式和内容。从学生的角度出发,尽力设计出与现实企业运行环境相一致的学习系统,在这样的学习系统之下,可以提高学生的创新、创造能力以及自主决策能力。这样不仅可以使学生学到更多的创业知识,而且可以更好地激发学生的创新创业意识。"融入型"创新创业教育需要满足社会和行业发展的多样化需求,它面向各专业学生开展相应的创新创业教育,与不同学科和专业相结合,将创新创业教育的内容融入教学过程中,对学生创新精神和创业技能的培养需要与专业教育相结合进行。需要提醒的是,创新创业教育并不是自成体系,它与专业教育的结合是一个互补的过程,这个过程对创新创业教育和专业教育的发展来说具有十分重要的促进作用。二者是优势互补的关系,是可以相互交叉渗透的,因此,进行相关教育时要科学和辩证地处理好二者之间的关系,既不能过分进行创新创业教育而影响正常的专业知识传授,又不能使创新创业教育完全依附于专业教育,进而失去自身的主体地位。在进行相关教育时一是可以对学生开展基于专业的创新思维训练,合理引导学生对相关知识点进行创新性想象和创新式解决,创新性思维训练可以有效地培养学生的创新思维,但这是建立在学生对专业知识充分掌握的基础之上的;二是分析本行业、专业创业前景以及具体实施过程,夯实创新创业教育的发展平台。这是建立在学生对专业知识进行创新性想象和创新式问题解决的基础之上的。

第二课堂活动化创新创业教育。第二课堂活动化创新创业教育相对于第一课堂课程化创新创业教育而言,内容和表现形式更加丰富,且容易被学生接受,它指的是以开展各式各样的主题活动对学生开展创新创业教育,它的原则主要包括三个方面,一是教育对象为全体学生;二是重视培育学生自身特色;三是活动与教育相结合。第二课堂创新创业活动按照项目内容包括三种类型,分别是"普及型""项目型"和"竞赛型"。进一步讲,"普及型"创新创业活动指的是在普通学生中开展各类普及性创新创业活动,通过活动的形式开展创新创业教育,包括创业沙龙、创业讲坛、科技制作与创意大赛、创业征集大赛、流动科技馆进校园活动赛等学校、社会和各类创新创业活动。服务机构是"普及型"创新创业活动成功举办和顺利开展的坚实依托。"项目型"创新创业活动相对于"普及型"创新创业活动而言更为正式,针对部分学生开展项目化的创新创业活动是"项目型"创新创业活动的重要内容,通过相关活动来培养和锻炼学生的创新能力、协作能力以及决策能力等。大学生创新创业训练计划项目是"项目型"创新创业教育开展的载体。引导学生根据自身的特点参加符合自身发展需求的学术学科竞赛是"竞赛型"创新创业活动的主要目标。这些竞赛活动可以分为四个层次,一是国家学会主办比赛、二是省级学会主办比赛、三是重点专项学科竞赛、四是综合类比赛。"竞赛型"创新创业活动可以通过建设学院、学校、省级、国家级科技比赛平台大幅提升学生创新创业能力,同时有效激发学生创新创业参与热情。第二课堂创新创业活动发挥着至关重要的作用,它是第一课堂创新创业活动的有效延伸和课外补充,通过开展包括"普及型""项目型"和"竞赛型"在内的第二课堂创新创业活动,有效推动学生创新创业教育。

大学生创新创业基地实践教育。仅仅开展第一课堂课程化教育和第二课堂活动化教育是达不到对学生进行充分创新创业教育目标的,还需依托包括学生所在高校和社会各类创新创业服务机构在内的主体建设创新创业教育实践基地或平台,对有创新创业意识倾向或者是正在创业的目标大学生群体开展不同于传统教学方式的创新创业教育,与此同时,为提升学生的创新创业实战能力并促使新企业孵化、成活,需为大学生提供各类创新创业的咨询与服务。具体来说,"实践型"创新创业教育指的是依托创新创业培训班、挑选优质创新创业项目入驻实践基地等实践性创新创业教育活动,面向有创业可能性和意愿的学生开展的创新创业教育活动,目的是通过教授目标群体开办企业所必备的知识和经验来提升其创业能力避免创业失败。"职业型"创新创业教育指的是发挥学校创新创业职能部门的作用,整合提高学校对不同资源的利用效率,为创业初期的大学生提供包括场地、设备在内的硬件保障以及包括教育、咨询和服务等方面的软件保障,目的是提高大学生的创新创业能力,使其在走出校门之前就可以对创新创业有较为充分的了解,通过大力建设创新创业教育实践基地来提升目标群体的创业实战技能,帮助新企业健康成长。

创业教育的教学模式有以下几种:①课堂教学。课堂教学模式主要是传授给学生基本理论知识,使其了解国内外的创新创业现状,创新创业所需具备的基础知识以及创新创业等注意事项。②案例研究。现实生活的创新创业案例是珍贵的教学素材,通过对这些素材的剖析可以提高学生发现问题、剖析问题和具体问题具体分析的能力,帮助学生培养和锻炼创新精神、创业能力、决策能力和执行能力,为学生的创新创业提供充足的案例保障。③混合讨论。混合讨论指的是邀请企业家、创业园区或孵化基地管理人员以及政府部门专家等共同进行创新创业讨论,是对案例研究的进一步深化和发展,通过各个主体的讨论使学生了解创新创业的相关政策以及具体实施过程,可以使学生对创新创业进行全方位、多角度的认识和把握,通过不同主体的相关讨论进一步促进学生对创新创业方法、技能以及过程的吸收理解。④活动开展。对学生创新创业知识和技能考核的最有效途径是开展多样的创新创业活动。通过活动的开展,能够提高学生参与创新创业学习的意愿,提升学生创新创业素质和实践能力,培养学生的团队精神。在这当中,创新创业规划设计是创新创业教育最重要的活动。将学生在课堂上所学的创新创业知识和技能与实践相结合是创新创业规划设计的核心内容,它包括对人、财、物的规划,通过自身创造性的独立思考,提出自己的新设想,将自身的创新思维表现出来进而创造出新的事物,学生可以通过各类创新创业活动实现知识的经济社会价值,完成自身知识资本向物质资本转化过程。采取评优与表彰制度是高校加强创新创业活动组织工作,激励大学生群体参与各类创新创业活动,让大学生在参与创新创业活动的过程中挖掘出自身潜在的创新创业潜能,进一步促进创新创业教育发展的一个长远策略。创新创业教育评优表彰制度的实施方式多种多样,评优与表彰既可以在课堂上进行,也可以在"创业设计"的比赛中举行。在课堂上进行评优与表彰实施起来相对较为简单方便、成本低,但并不影响大学生思维与理论知识更加紧密地结合,在"创业设计"的比赛中进行评优与表彰可以在某种程度上激发学生创新创业的激情和热情。⑤商业实战。商业实战指的是在创新创业导师的指导下,通过创新创业计划,充分利用现有的创新创业虚拟环境和实战训练系统进行创新创业模拟和实验设计,实验需要经过自己独立、创造性的思考而不是简单地模仿他人的创业计划。商业实战相对于普通的各类创新创业活动而言可以使学生体验更加真实的全程创新创业操作实践。这项商业实战模拟系统主要由大学生自己来操作,大大开发了学生创新思维,它是一个思维的聚焦仪,商业实战模拟系统是将理论知识和创新创业知识连接起来的衔接器,为大学生创新创业实践提供了全程性指导和参考,强化学生对创新创业知识和技能的掌握,提高学生创新创业综合能力。商业实战是检验学生创新创业知识和技能的重要途径。

以研究为导向的大学第一课堂以理论学习为主,第二课堂以业务技能学习为主,第三课堂以实践运用为主。在这当中,第一课堂教育即理论知识教学是按照人才培养规格精心设计,具有严密体系和计划,需要不折不扣地完成教学大纲所规定时间内的创新创业课堂教学内容。第一课堂的教学模式与传统课堂教学模式并无太大差异,只是第一课堂的教学在教学内容和方法上更加注重创新性和可操作性;而第二、三课堂的教育则是传统教育体系所缺失的,也是较难实施的计划学时以外的与创新创业教育相关的一切实践活动,第二、三课堂教育的实现需要充分利用实践平台作为支撑和载体。

5.3.3 "三课堂"创新创业教育体系评价方式

要想使"第一课堂、第二课堂、基地实践"创新创业教育体系能够合理有效的组织实施,充分发挥各自的优点和长处,切实提升本校目标全体的创新创业意识和能力,高校需要建立科学合理的创新创业教育评价体系。无规矩不成方圆,合理的创新创业教育评价体系可以有效规范创新创业的绩效评价和奖惩行为,评价指标因素的筛选和确定是该评价体系建设的关键,该指标体系建立时要强调单项评价又要注重综合评价,不仅要创建与创新创业教育理念和原则相匹配的单项模块化评价标准,还要将评价标准融入整体绩效综合评价体系。

单项评价:建设创新创业模块化评价体系。加强创新创业单项评价体系建设,创建与创新创业教育内容及特征相匹配的可操作的创新创业模块化评价体系是不断提高创新创业教育质量的关键。要根据创新创业人才培养目标、现实需求、自身学校的特点来研究制定创新创业教育效果的评估体系,创新创业模块化评价指标体系要涵盖学生、教师、二级学院三个维度,不仅要包括数量统计,还应包括质量评估。除此之外,还需与时俱进,根据时代和现实的要求积极改革过时或不合理的创新创业教育评价方式,在评价和考核过程中不能只重视结果考核而忽视过程考核,考核方式不能过于单一,可以考虑积极推动多样化的考核方式与网络考核相结合,提倡第一课堂、第二课堂以及实践教育采用项目选择、案例剖析、作品质量、软件开发等方式进行综合考量,努力实现全方位和全过程科学有效的考核。

综合评价:纳入高校整体绩效考核评价体系。仅仅对创新创业教育进行单项评价远达不到考核的标准和要求,还需对单项考核进行有效补充,应将创新创业教育作为综合考核的一部分纳入学校整体绩效考核评价体系。具体措施包括以下两个部分,一是创新创业教育应作为高校年度绩效考核体系的子模块之一,对于二级学院亦是如此,创新创业教育质量可视为判定学院人才培养质量和办学水平的参考标准,与此同时高校需要对相关工作突出的院系予以一定程度的奖励;二是改进和完善本校二级学院的创新创业绩激励办法和措施,高校相关教师的创新创业教育业绩、成果和质量应该纳入津贴发放体系、教职工绩效考核和岗位聘任体系,甚至可以纳入高校职称评价体系。目的在于进一步提高教师进行创新创业教育、普及创新创业知识技能、带领学生开展创新创业活动的积极性。如此进一步加大了相关教育质量评价力度,有助于高校全员重视并积极参与的良性局面的形成,旨在推动创新创业教育进一步发展。

5.3.4　"三课堂"创新创业教育体系基本保障

创新创业教育不是"封闭式"教育,而是典型的"开放式"教育,仅仅依赖高校的力量远远不够,需要政府、高校和社会三方协调推进。只有建立起政府、高校和社会三位一体的、互帮互助、工作高效的创新创业教育运行体系,我国的创新创业教育才能得以飞速发展并取得长足的进步,因此,要搞好创新创业教育眼光不能狭窄,视野要开阔,实现政府、高校和社会三方协调推进需要做好协调工作,一方面需要促进校内各部门的协调,另一方面需要整合校内校外各方资源。

校内协同:着力完善创新创业教育管理机制。实施大学生创新创业教育,各高校是义不容辞的责任主体,校内协同的开展首先需要将创新创业教育制定为学校发展目标之一,其次高校需要积极搭建创新创业教育实践平台,不断改善自身创新创业教育活动开展的硬件设施,最后是高校需要营造出浓厚的创新创业教育氛围,培养更多富有创新精神、掌握创新创业知识并积极投身实践的高质量应用型创新创业人才。高校需要结合本校发展的实际情况建设创新创业教育中心或成立专门的创新创业学院。

社会协同:大力优化创新创业教育社会环境。高校是孕育创新创业人才的摇篮和沃土,但是社会的环境也会对创新创业起到潜移默化作用。从社会大环境的角度来讲,有利于大学生创新创业的社会大环境是非常重要的,需要积极推进政产学研合作,集聚相关要素与资源,搭建各级政府、高校、创客空间、孵化基地以及其他企事业单位等多方联合的创新创业平台,加大对创新创业教育支撑与服务体系的建设,这样可以实现资源整合、资源共享、信息交换和服务优化,最终目的在于为创新创业创造一个良好的局面和氛围,进一步促进有利于大学生创新创业环境的形成,以带动创新创业教育机制的完善和发展。

第6章
创新创业教育协同机制的运行

德国学者赫尔曼·哈肯（Hermann Haken）提出"协同"一词,他认为系统内部要素与系统间的相互作用在一定条件下可以形成协同作用,产生一种自我组织能力,这种能力可以使得系统的功能与结构变得井然有序,进而让整个系统迸发出新的价值。而"机制"一词来源于希腊文,其内涵是指事物内在的规律与原理自发地对事物作用,它具有自发性、系统性及长效性等特征。在社会科学的领域中,"机制"是指在正视事物各部分存在的前提下,协调事物间的关系以更好发挥作用的运行方式。近几十年来,"机制"一词被广泛地应用于竞争、合作及创新等机制中。将机制的本义引申入社会教育领域,便可形成教育机制,因此,教育机制可以指代教育现象中的各部分之间相互的关系及运行方式。按照不同的标准,可以将教育机制划分为多种类型,例如从功能角度考察教育现象间相互关系以及运行方式,包括保障与激励机制。而创新创业教育机制则可理解为创新创业教育现象各部分间的相互关系及运行方式。

其实,可将高校创新创业教育看作是一个系统,其中的政府、企业及高校等利益主体会根据其共同目标表现出协同意愿,为了获取教育增值及培养较为出色的创业者,他们会调动一切资源配置,产生全方位的有机作用,从而实现协同效应。高校创新创业教育协同机制的运行若想取得理想状态,形成一种协同式发展,则必须考虑各方利益主体的诉求,在市场化发展的原则下,建立有效的运行机制,从而促进各方主体相互适应,达到系统增值的效果。

高校创新创业教育具有全新的育人思想及教育理念,它所涉及的领域几乎贯穿人才培养的全过程,因此不仅要兼顾理论与实践的综合教学,更要在教学方式上做到灵活多变。本章结合其他学者对于高校创新创业教育的运行机制分析,认为高校创新创业教育协同机制的运行,关键在于管理决策、激励动力和调控三大机制。

6.1　管理决策机制

高校创新创业教育是一种全新的教育类型,其实践过程并不成熟,需要根据运行实施的具体情况而定,并且要对运行过程中所涉及的各个方面进行不断完善与调整,因此其运行过程与其他较为成熟的教育相比,会面临更多的选择,相应地产生更多决策。为了保证创新创业教育的实施与推广始终围绕共同的总体目标,确保运行保障、育人内容等各方面始终适应实效育人这一标准,必须建立高效的创新创业管理决策机制,这是高校创新创业教育运行的核心与关键。

6.1.1　管理决策主体关系分析

高校创新创业教育管理决策机制的主体包括高校创新创业教育工作领导机构以及创新创业教育专家委员会,前者多由高校的行政管理者构成,而后者多由创新创业教育研究以及教学专家构成。如何定位领导机构与专家委员会,以及如何分配高校创新创业教育工作领导机构与专家委员会的决策权力,都是管理决策机制构建的重点。

高校创新创业教育工作领导机构与创新创业教育专家委员会作为高校创新创业教育管理决策机制的两个主体,两者间分工不同且相对独立。创新创业教育的发展方向由领导机构把控,负责对高校创新创业教育的总体规划,全方位把握着创业资源及经费等,其主要决策范围包括整体的规划发展、经费的投入使用以及资源的整合分配等;而专家委员会则是创新创业教育研究的整体管理者,不仅负责教学内容与方法的制定,还负责科研教学及师资培训等任务。总体而言,领导机构侧重于创新创业教育的发展规划与资源供给等宏观决策,而专家委员会则更侧重于创新创业教育的理论研究与课程培训等微观决策。

高校创新创业教育工作领导机构与创新创业教育专家委员会虽然分工

有所侧重、职能相对独立,但是两者间更有着紧密联系与持续作用:领导机构为专家委员会确定教研与理论的研究方向,提供支持作用,而专家委员会根据高校创新创业教育的理论教学研究为领导机构提供策略建议;领导机构通过对高校创新创业教育的整体规划管理会提高专家委员会的科研教学成效,而专家委员会则会通过研究方向的决策与教学课程的设计将领导机构的思路设想实现到位。要想确保高校创新创业教育工作领导机构的决策更具有效性、合理性及专业性,就离不开专家委员会的科学建议与理论支撑;同样,要想使得专家委员会找准正确的决策方向,也离不开领导机构认同与支持。

高校创新创业教育决策过程中包含了党委行政与学术教学决策,明晰两个主体间各自的决策对象、范围、程序及权力边界可以促进高校创新创业教育管理决策机制的建立,要确保领导机构能够承担起全局把控者的角色,可以在整体规划与运行方向中提供正确的策略建议,同时也要确保专家委员会能够在教学、学术等具体事务的整体规划中承担起建议咨询者的角色,在决策的过程中,以制度化的方式达到两个主体合理分工、协同推进的效果。

6.1.2　管理决策机制的运行程序

高校创新创业教育管理决策机制必须具有规范的运行程序与步骤才能确保工作的高效性。领导机构与专家委员会作为高校创新创业教育管理决策机制的两个主体,其管理决策的运行程序也是构成管理决策机制的重要因素。

对于领导机构而言,其管理决策的运行程序应当是富有条理与逻辑性的。针对高校创新创业教育现有规划和资源分配等问题,领导机构会进行分析,从而明确其完善发展的目标。其次,领导机构将提供至少一种决策方案,由民主程序确定最终方案,最后推动方案的实施。当然,在此过程中,领导机构需要根据具体运行的情况进行结果反馈,从而对决策方案进行评估,来确定是否继续执行该方案或是调整改进。在领导机构的管理决策运行过程中,专家委员会主要承担着调研及提供对策建议的工作,两者的相互配合才能促使运行达到高效的目的。

对于专家委员会而言,其管理决策运行的第一步骤便是对高校创新创业教育实际运行实施过程中存在的问题进行分析,明确完善发展的目标,其次,在一定的科学研究理论基础下,提出至少一种决策方案,对于拟采用的决策方案由民主程序确定并向领导机构请示备案,最终推动决策方案的实施。当然,专家委员会也应根据实际决策运行的情况进行反馈评估,从而确定是否继续执行或是调整该方案。在专家委员会决策运行程序的各个环节,领导机构都可进行总体规划与方向的把控,它在管理决策的过程中承担着整体把控的角色,并对专家委员会的决策范围进行管理调控,这便可以将学校党政对高校创新创业教育的整体规划精神在教学管理与学术研究的过程中贯彻到位、落到实处。

总体而言,加强高校创新创业教育工作领导机构的管理决策,在宏观上可以确保高校创新创业的教育内容与发展方向符合学生自由全面的发展需求、符合学校总体规划发展的需求、符合政府社会的高度需求;而加强专家委员会的管理决策则在微观层面更易形成合理的教学内容、方法与体系,从而确保高校创新创业教育的有效实施及科学发展。

6.1.3　管理决策机制构建的基本原则

为了更好地服务创新创业教育的运行、实施与推广以及推动创新创业教育的科学发展,构建高校创新创业教育的管理决策机制是必不可少的举措。由于创新创业教育的实施运行与教育发展都有着明确的特定目标,因此两者间必然有着相适应的特定价值内涵,对于高校创新创业教育的构建来说,必须遵循特定的价值规律与基本原则。高校创新创业教育的宏观目标是:结合国家的政治、经济与文化的发展,联系中国特色社会主义教育实际情况与高校学生全面自由发展的需要,通过教育的实践帮助学生了解创业过程、培养其创业意识及创业能力,这不仅可以让学生以正确的目标导向与价值取向了解认识参与到各个领域的创业中,并且将会更好地服务于中国特色社会主义教育事业的科学发展。而从微观层面角度考虑,其发展目标是树立正确的创新创业价值理念、明晰创业主体意识、完善创业能力结构以及提升创新创业的实践水平。高校创新创业教育的管理决策的价值内涵应紧紧围绕这一宏观与微观相结合的目标体系,因此,本节提出了构建高校创新创业教育的管理决策机制所应遵循的四项基本原则,具体而言:

把握中国特色社会主义的发展方向。高校创新创业教育的最终目标是培养能够从事服务于中国特色社会主义事业的先进创业者,因此创新创业教育的管理决策运行过程应当是正确的,在创新创业课程的内容与理论研究中,不仅要保障教学和理论研究成果,而且要使其更好地适应服务于中国特色社会主义事业的发展。

明确面向广泛学生群体的发展思路。创新创业教育应当适应国家社会发展的各个领域,无论对于何种专业、背景或是职业发展的学生,创新创业教育都应当认识到对他们的能力提升是有价值的。创新创业教育不应仅仅局限于小众教育,受益于少量的精英学生,而是应当面向广泛的学生群体,开展普适性的科学教育,以树立创新创业意识,提升创业能力。

遵循面向社会的实际导向。我国正处于经济转型发展阶段,经济社会的转型升级与发展需求要求创新创业教育的调整与改进,因此需要对创新创业高标准、严要求,以此来更加适应社会的转型升级。在高校创新创业教育管理决策的过程中,要注重理论与实践的紧密结合,将更多资金进行适度整合与调配以投入到实践性的教学任务与科研环节中,促使广泛的学生群体能够知行合一,真正推动社会转型升级以顺应时代发展的要求。

坚定全面发展的育人目标。马克思主义的最高命题与根本价值是"人的自由全面发展",这同时也是中国高等教育所追求的至高目标。对于创新创业教育来说,其综合性较强,可以从价值取向、理念运作及社会管理等多个层面锻炼和培养学生的综合能力。应坚定全面发展的育人目标,将其作为高校创新创业教育管理决策过程中的核心任务,只有这样才能实现学生的全面发展与创新创业教育改革发展的至高目标。

对于上述高校创新创业教育的管理决策机制所应遵循的基本原则进行深刻分析,可将其升华至高校创新创业教育应遵循的基本原则。创新创业教育的开展并不是照搬原有的教育内容和模式,而是将这种创新创业教育的理念方法融入创新创业教学体系活动和人才培养机制之中。高校开展创新创业教育时应当遵循以下四项原则。

"全面教育"与"个别教育"共同结合的原则。"全面教育"是指全面提升大学生的创新意识与创业能力,从整体上对创新创业学生的综合素质进行开发与提高,完善其创新创业的知识结构体系和性格品质。"个别教育"是指针对少部分拥有创业潜能的大学生,进行个别的特殊引导和动力支持,以培养出先进的创业示范人才。

"全程性"与"分层性"共同结合的原则。良性的创新创业教育体系应当具有开放性与延续性的特点,这是终身教育系统的重要组成部分。其开放性与延续性在大学创新创业教育阶段就是"全程性"的体现,高校应当将创新创业教育纳入人才培养的目标规划中,与专业的教学科研体系相结合。同时,高校的创新创业教育还应当划分层次,具有侧重点。在大学的初级阶段,应当培养学生的创业意识进行通识教育,随着专业学习的不断深入,应当加大创新创业教育意识的培养力度,开展针对性的技能训练,让学生在创业实践的过程中不断提高自身的综合素质及意志力。而对于高校毕业生来说,应体现教育连续性的特点,实现教育的由浅入深,由全面到重点的发展目标,将高校的创新创业教育落实到位。

"理论"与"实践"共同结合的原则。高校在开展传授创新创业教育知识时,要注重理论与实践的具体结合,才能够真正实现培养大学生创新创业意识素质的至高目标。因此,高校开展创新创业教育工作的同时,既要加强对理论课程教学工作的推广教育,丰富学生的创新创业意识,同时也要根据创新创业自身的实践特点,加强实践教学任务的强度,积极组织学生参与创新创业活动,真正做到理论与实践的共同结合。

"开放"与"协同"共同结合的原则。由于高校受到教育资源局限性的影响,为了积极获取有利的社会优质资源,应坚持开放办学的原则,建立协同创新体制机制。高校还应围绕创新培养人才体系的这一目标,建立创新协同机制,将各部门的职能目标协调一致,促使创新创业教育的效果达到最大化。

6.1.4　改善管理决策机制的对策建议

转变创业教育观念,树立正确的创新创业教育课程理念。高校的管理者要用前瞻性的眼光来设定创新创业课程的理念目标,创新创业的核心是完成素质教育的要求,培养创新思维能力,为受教育者创造条件,使其认识到知识重组的力量。因此,高校既要培养适应目前就业发展需要的普通型应用人才,也要为国家未来的经济发展输送顶尖的创新型人才。明确创新创业教育的课程理念,立足于现实需求与长远发展角度,是开展创新创业教育的指导思想。

加强创新创业学科建设,明确创新驱动发展的新要求。当今社会的发展战略对于我国高校创新创业教育的人才培养路径设定了新的要求。高校是大学生创新创业教育的核心阵地,它担任着教学科研培训、创业资金支持以及人才培养的多项任务。因此高校应当正确认识自身在创新创业教育协同机制中的地位,并在教育的实践探索中表现出来。大学生创新创业教育工作的合理有效将在一定程度上影响我国的经济发展方向,因此构建完善的协同机制对于高校大学生的创新创业教育来说具有重要的指导意义。大学生和企业作为高校创新创业教育的两个方面,只有合理处理好两者间的内外联系,才能充分发挥两者间的协同作用。对于人才计划的培养,要制定出完整的科学规划,转变以往的教育观念,将创新创业教育贯穿在教育工作运行过程中,将理论与实践相结合,通过两者的优化整合与合理配置,激发创业者的热情与积极性。其次,应当整合各方资源,在政府、企业及高校的保障体系下,实现理论与实践的高效衔接,在激发学生创新创业潜能的基础上,积极推动教学课程与科研规划的改革。最后,应当设立多层次的教研课程,引进先进的高质量师资队伍,积极鼓励师生参与到创新创业的实践活动中。在资源合理整合的过程中,既要鼓励学生参与创新创业竞赛,也应打造创业导师的科研系统,通过运用双向选择导师的制度,将创业项目与创业者进行合理匹配,最终使得创业者可以寻找到心仪的创业团队。高校应当加强对创新创业教育理论与实践的深入研究,充实教育课程体系内容,设定多层次的目标以吸引更多的学生参与到运行过程中。

设计多样化的创新创业课程,开展循序渐进式的教育模式。在运行实施过程中,要正确认识创新创业教育内涵,将其与专业教育相结合,在专业教育的教学中培养学生的自主创新意识,增强创新创业教育的实效与互动性。创新创业教育的教材除了纸质课本外,还应包括课程的政策性资料及其他文件,根据这一特点,高校可以精编课程教材,丰富教学资源,同时,由于高校的学习情境不同,教材也具有灵活性的特点。由于"宽口径"培养条件下的课程教学课时有限,因此,高校可将相关性较强的实验操作安排在一定的时间段内,这样既有利于拓宽知识渠道,也有利于在最大限度内获取教育资源。教材应当具备较强的操作性,这对于实验的准备以及分组安排来说,更易提供合理化的建议,便于师资人员的参考。同时,为了使教学效率得到提高,可将实践中的操作技巧拍摄成视频,以 ppt 的形式展示给更多的受教者,这样不仅可以作为教材刊登在相关网站上,而且更有利于学生的自我预习及学习回顾,使课程时间得到最大化的利用。

丰富课外创业活动,鼓励参与学生社团。学生社团是高校的自由活动主体,在创业活动方面,学生社团可以用多样化的方式将兴趣相投的校内外认识集结起来,形成良性的交流沟通氛围,迸发出创业激情和创意。

构建专业的师资队伍,实现多样化的教学方案。高校可以坚持引进校外的师资力量,激发学生的学习兴趣,也可以提供资金支持校内的师资团队走出去,学习其他成功学者的创业经验及教学方法,同时对课程的教学设计采取灵活多样的方式,满足学生的实践需求,不断提高其创业能力与综合素质的提升。

充分利用校外资源。高校是一个开放性的系统,因此,在推动创新创业人才培养方面,可以联系各方外力相互作用,以促进目标的实现。可以校企结合办学,达成合作意向,为大学生提供创新创业的实践机会,提升其创新意识、能力及综合素质的培养。

完善教师激励机制,激发对创新创业事业的激情。高校应以各种表彰手段满足高度自尊与荣誉的教师需求,为他们提供良好的空间满足其精神需要;对于价值需求处于优先阶段的教师,他们会追求更好的人生价值,更加渴望得到领导及社会的认可,因此高校应当设立荣誉性的职位满足其价值取向。由于创新创业教育正处于新兴发展阶段,高校对于师资的选择应遵循择优录取的原则,同时还应完善激励机制,鼓励教师尽最大可能全身心地投入创新创业教育事业中。

规范创新创业教育主体活动,建立有效的监督机制。高校教学活动的正常运行离不开有效的监督机制。对于高校管理者而言,其承担着高校教学课程规划设计及管理教辅人员的工作,以避免他们在工作中出现主观臆断的不端行为。高校传教者承担着创新创业教育的传播工作,监督工作有利于确保教师教学行为的规范性;高校的受教者作为创新创业教育的接受者,应监督其学风端正,防止在创新创业教育活动中误入歧途,给个人、家庭及社会带来负面效应。高校同时也应对监督者进行监督,从而营造民主、开放及自由的文化氛围,鼓励师生等相关主体培养治理理念,做到人人参与到高校建设中。

6.2　激励动力机制

推动事物发展的作用力称为"动力",因此高校创新创业教育动力可以概括为推动高校创新创业教育发展的作用力。在我国,高校开展的创新创业教育多为政府驱动,但是在教学环节的设置及企业参与的内在利益诉求方面,市场也发挥着重要作用。因此,高校创新创业教育既源于政府的驱动,更需要市场导向的延伸。

高校的角色在创新创业教育系统中的作用也尤为重要,它具有显著的教学科研资源及人才优势,不仅传授学生知识,更承担着全面育人的责任。高校可以培养学生的思修品行,树立社会责任与担当意识,同时还能够提升其分析解决问题与创新创业的能力,这些都是学生群体适应社会需求所必备的综合素质。因此,对于高校创新创业教育而言,其动力既有内生也有外生。高校创新创业教育激励动力机制可以将其看作是推动高校创新创业教育良性运行与实施推广的各内外要素间相互联系与作用的互动机理。

从宏观角度考虑,高校的内生动力是追求自由全面的育人理念;而外生动力则是政府对于经济转型升级的需求及创新创业机会的识别,政府可以将有效的政治、经济资源合理地调配给高校创新创业教育领域,从而推动理论教学课程及科研实践。从微观角度考虑,以教师和学生的内生动力而言,教师参与到创新创业领域中,既是对职业发展的需要,也是理想事业的追求;而学生参与创新创业教育既是对自我未来职业生涯的规划,也是自身全面发展的追求。以教师和学生的外生动力而言,政府和社会作为高等教育的外部推动力,可以使参与到创新创业教育领域的师生获取充分的资源与成就感。内外动力的作用与性质虽然不同,但是两者相互影响、互为支持,对高校创新创业教育的发展与价值取向有着共同的决定作用。

6.2.1　激励动力机制的运作机理

从宏观角度而言,高校创新创业教育在外部受到政府与社会机构的共同作用。政府由于社会转型升级及经济持续发展的迫切要求会进行全面改革,而在这一阶段势必会加大政府对创新创业活动的需求,在此深化改革的背景条件下,政府会对创新创业教育的研究与培养提出更高的要求,需要通过资源调配供给以及适当的政策引导推进高校创新创业教育的发展,扩大人才的供给。而对于社会机构而言,由于处在发展中国家,新兴领域及亟待转型的成熟领域为社会机构提供了充足的创业机会,在社会责任及自身经济利益的驱动力下,社会机构会更加富有创业意愿,因此创新创业领域的人才需求就越发强烈,这便加强了社会机构与高校教育领域的合作,在这样一种合作方式下,一方面可以通过资源的供给推动高校开展创新创业教育工作,另一方面可以通过旺盛的人才招聘需求调整高校的育人导向,可谓一举两得。在内部,高校创新创业领域中全面自由发展的教育理念得到广泛的认同,高校将培养全面发展及提升综合素质的社会主义接班人作为育人的至高目标,而创新创业教育是独立于高校专业知识教育之外的一种功能,它是以学生的全面自由发展为核心任务的教育,有助于提升学生在价值重塑、人际关系及权力把握控制等方面的能力,从内生角度推动高校创新创业教育的实施发展。

从微观角度而言,高校创新创业教育的运行实施离不开教师与学生这两个主体,因此分析教师与学生参与创新创业教育的内外生动力对于从微观层面研究高校创新创业教育激励动力机制有着至关重要的作用。教师是创新创业教育的传授者,高校对于其工作量的约束及工作表现的激励举措都将会推动其从事创新创业的教学研究工作。从教师自身角度而言,他们对于创新创业教育的理论教授兴趣及目标认同都将由内而外地促进创新创业的教育研究。同时,良好的校园文化氛围对于提升创新创业的认识与兴趣以及教职工的行为心理都有一定的促进作用。对于学生而言,他们作为创新创业的受教育者,高校可以利用其学分约束与激励举措推动其参与创新创业活动,同时他们自身的兴趣及周围群体的良好影响也将促使他们提升对创新创业教育课程的接受训练与感知认同。高校创新创业教育微观层面的两个重要主体间互为动力支持:学生参与的创新创业需求将推动教师的教学研究,而教师的科研理论研究也会影响着学生积极参与创新创业教育课程的训练,两者互为支持,共同促进高校创新创业教育的运行发展。

高校创新创业教育的有效推动离不开激励机制的作用,它可以激发教师的创新创业教学科研激情与积极性,进而鼓励学生创新创业的行为。高校为了提升教师的教研积极性可以将创新创业教学的实践指导考核指标划入绩效考评之中,将考核结果与教师职称晋升评定联系在一起,同时对指导学生开展创新创业实践项目活动取得一定成绩的导师进行奖励,从而调动其教学积极性,同时高校还应注重对学生的创新创业激励,有关部门应当优化政策,建立良性的自主创业政策环境。高校应改革学籍管理决策制度,推行弹性学分制,让学生可以在较大弹性的学籍时间内安排学习与创业项目活动,实现学工交替,分阶段完成课程学业。同时要发挥学生创新创业的主观能动性,给予其自主发展的机会,对于那些在创新创业竞赛中获奖的学生进行一定的奖励补贴。

对于高校而言,传统的笔纸考核方式已经无法适应创新创业教育的考核方式。传统的笔试考试是为了考查学生的记忆辨析能力,并不能对其创新意识与能力进行评价。因此这就需要建立以素质为导向的考核激励机制。首先,可以对学生的创新创业项目参与度与贡献度进行评定,然后运用综合答辩的考核方式进行综合评议;其次,可以将创新创业项目的阶段性成果作为考核标准,这既对学生的综合素质提出了更高的指标要求,同时也体现了创新创业项目的特色目标。高校可以设置创新创业教育基金以此来健全激励机制,要科学评估教育质量与水平,对表现突出的学生给予奖励。同时,可以将学生参与的课题研究、科研项目实验及创新创业项目等成果转化为相应学分。高校与学生的协同一方面要求高校的统一领导、开放融合及全员参与,另一方面要将创新创业教育的改革推进放在教育发展的突出位置,落实其主体责任,成立工作领导小组,由校长担任组长,主管副校长担任副组长。同时,高校应呼吁全体师生积极参与到创新创业项目中,加强各主体间对创新创业教育的沟通交流,形成一种浓厚的创业氛围;另一方面,各高校面对当今严峻的就业形势,应积极响应国家政府的号召,组织和培养学生参与创新创业竞赛,鼓励成功的知名企业家进入校园分享成功的创业经验。高校在推行创新创业教育运行过程中,应建立完备的激励机制,保持与国家政策导向相一致,同时要遵循企业的人才需求目标,培养社会所需的高质量应用技术型人才。

政策激励的协同是激励动力机制中的一部分,它注重创新创业政策的可操作性及各政策间的关联性作用。近年来,中央及政府出台了许多关于支持高校创新创业教育的政策性文件。但是由于可操作性的缺乏及政府执行能力等问题,使得相关政策最终无法落实。推动高校创新创业教育需要调动各方积极性,在政策方面给予有力支持。同时,各级政府部门应当通过构建经济、教育及文化等多部门协同的工作机制,对现有的政策进行梳理总结,做到信息的及时反馈,为保障创新创业教育提供强有力的政策支持。高校应出台相应的协同政策,如构建激励机制,加强创新创业师资队伍的建设,组织参与创新创业竞赛;鼓励师生协作创业,将校内校外的创新创业资源进行整合汇聚,从而为创新创业教育工作的开展提供政策支持。创新创业政策在高校毕业生的创新创业指导服务中具有重要的激励引导与制度保障的功能,政策激励的协同包含了不同主体间的政策协同及政策先后协同,通过协同可以充分实现政策的有效作用。另外,政府在制定政策时应充分考虑高校毕业生与其他社会群体间的创业行为差异,要针对性地为其提供指导建议。

企业在激励机制的作用下,会根据自身需求融入高校的创新创业活动项目中。它将利用自身的技术、资金及渠道参与高校人才方案的规划制定中,在高校内为学生举办创新创业分享交流会,为即将进行创业的大学生进行思想上的宣传引导,以确保创新创业教育能够朝着合理科学的方向发展。企业或许还能为热爱创业的学生提供岗位实习的机会,从而为其创新创业打下坚实的基础,也为其创业梦想的完成提供更多的动力支持。

6.2.2　激励动力机制构建的基本原则

高校创新创业教育的动力来源是多元化的,受到师生、高校及政府等多方的综合影响,因此,在构建激励动力机制时应遵循一定的原则,确保各方管理决策主体可以相互配合、方向一致,将高校创新创业教育的力量发挥到极致。本节从高校创新创业教育的内涵及要素特点入手,提出高校创新创业激励动力机制构建的三个基本原则:

维护各方动力的动态平衡。这其中包含了两个层面,一是各方对于推动创新创业教育程度的相互适应,另一方面是推动的方向要相互一致。原因在于,推动高校创新创业教育的动力相比较之下会有强弱,若要从高校创新创业的最优角度出发,并非是越强越有效果。在宏观方面,如果政府社会对于创新创业教育的动力大于高校时,其社会经济发展的作用会被盲目夸大,而政府和社会对创新创业教育则会过分强调或估高,它们将会利用资源渠道与行政压力使高校迫不得已改变原有的教育规划,不利于自身的教育发展,同时也会影响其他教学课程进行;当政府对高校创新创业教育的动力远小于高校时,其经济作用将会被低估,政府和社会对于创新创业教育的关注度会递减,高校在资源备至方面也将面临困境。在微观方面,倘若高校师生的内外动力发展不匹配,则会造成动力失衡,对创新创业教育的运行实施造成障碍困扰。从第二层面研究来看,如果仅是各方动力强弱相适应但是发展方向不一致甚至是相反,那么将会阻碍创新创业教育的实施运行。宏观角度而言,若政府和社会机构过分强调实践性的创新创业教学,而高校更为注重理论性的教学,两者对于发展导向的不一致将会使得高校的实际资源无法得到合理配置,社会也无法获取高素质的人才。从微观角度考虑,若高校注重教学水平与质量的提升,而教师则注重理论教学科研水平的提高,高校会对教师匹配的资源提出考核标准,如果教师的理论规划与高校相违背,那么,创新创业教育水平的质量与理论研究水平都无法得到可靠的保障。若高校注重激发创新创业的理念认同,而学生注重自身综合素质的培养及创业能力的提升,高校提供的课程训练将不能满足学生需求,会导致教学资源的配合失衡,收效甚微。总而言之,遵循高校创新创业教育的发展规律,走科学发展的道路是维持创新创业教育过程中各方动力动态平衡的重要保障。无论是宏观还是微观角度,师生、高校及政府间都应形成一种良性协调的关系,纵使各方主体的出发点、关注点有所不同,但是只要确保各方能够在推动创新创业教育的力量与方向上适度并保持一致,便可达到一种动态平衡的理想状态。

协调各方动力间的培育转化。高校创新创业教育的运行离不开各方的共同努力,各方动力的重视发展离不开精心地培育与转化。从宏观角度来说,培养学生全面发展的路径有很多,但是若想使得以政府转型升级为导向的动力融入高校创新创业教育中,就必须对其进行政策引导与资源的合理配置。而从微观角度而言,学生针对自身综合素质的提升和能力开发的方式有很多,若要使得高校推动创新创业教育的动力通过特定途径转化为学生自身的动力因素,则必须开发培育出合适的动力载体,这种动力载体既有显性也有隐性。对于高校创新创业教育来说,显性的动力载体有:政府的鼓励政策、高校的奖惩规定及政府与社会机构提供的经费物质支持等;隐性的动力载体包括大众对创新创业行为的认同与尊重以及鼓励参与学生参与创新创业的校内文化活动等。只要能够注重各方动力有层次地与各层面主体参与到创新创业教育工作中,对其动力进行合理地引导、强化与推进,便可使高校创新创业教育的运行实施达到最优的状态。

防止各方动力的异化发展。高校创新创业教育的动力一旦调控不准确，或者力度与方向把控不稳定，极易产生异化现象，动力异化主要表现在教育的工具化与应试化方面。政府及社会机构在推动创新创业教育的过程中，将其看作是社会转型升级与创业机会的工具，过度强调短期成果忽略教育自身的价值规律，这便是工具化的体现。高校在这种错误化的引导下，会局限地关注学生的理论支持培养而忽略创新理念的迸发，同时也违背了全面自由的育人观念。而应试化则是高校通过考试的传统方式对学生参与创新创业活动情况进行局限地考核，无法从真正意义上体现学生的真实创业认知和综合素质，同时在一定程度上会打击学生的积极主动性。因此，高校在坚定创新创业教育发展目标时，要始终牢记自由全面育人的教育理念，在此基础上形成特色的课程理论教学与科研方式培养，高校还可结合各方动力主体的建议策略，进行沟通交流，深刻总结认识创新创业教育的发展规律及本质特点。

6.2.3　激励动力机制的完善策略

在高校创新创业教育协同机制的运行过程中，其决策主体方可以制定科学合理的管理规划、明确自身的工作任务，以此确保各参与主体方可以共同协作，拥有高度统一的思想意识与发展目标，从整体利益最大化的角度出发，发挥最大效能。同时，还应制定相应的行为规范与工作流程，要求各方严格按照规章准则进行工作任务的开展推行，在所制定的标准体系内高效率地完成工作，并且还应制定奖励机制，此机制应以协作参与、信息透明共享作为行动准则，以此更好地协调各方代表高效完成项目决策，增加之间的沟通、交流与了解，培养各方代表间的合作默契能力，确保运行过程的公平、公正与公开，通过奖励机制可以有效地提高促进各方的竞争协同意识，从而提高高校创新创业教育机制整体的协同工作效率。

提升高校创新创业教育协同作用的关键在于完善利益分配制度，激励企业及行业单位参与高校创新创业合作教育，就应完善利益分配与实施机制。首先，高校应当建立创新创业教育专项资金，用于支持校企协调培养机制，提高高校教学条件及设施建设。其次，高校还应对协同培养的企业及导师付出的指导工作进行激励补偿，以提高参与创新创业教育协同培养学生的兴趣与积极性。再次,高校要优化校企合作教育指导教师的考评标准,切实有效地对其教学质量与工作量进行评价,建立高效的晋升机制,以此激励指导教师重视学生能力的培养。最后,在分配利益时,要明确高校、企业等主体间的责任,建立健全责任追究机制,以此激励高校创新创业教育的协同发展。

高校创新创业教育激励动力机制的高效运行离不开政府、企业及高校等的共同努力。

营造良好的创业环境需要国家和政府在资金与政策方面给予全方位支持与扶持政策。政府在高校创新创业教育协同机制中发挥着主导作用,可以从以下方面完善高校创新创业教育激励动力机制。

从国家层面角度制定高校各项创新创业协同运行的新政策。政府主导着制定计划及政策资源,可以积极引导企业和高校参与到创新创业教育活动中。以政府为主导,制定多维协同的创新创业教育模式的激励制度,在多维协同创新创业教育的运行过程中,高校是实现创新路径的主体,而政府则是创新制度的主体,制度的创新可以推动路径的创新,政府作为资源的调配者,应制定有利于学生创新创业发展的激励政策,以此减少创业风险,提供一定的资金保障。例如,政府可以制定多维协同的育人制度,促进人才培养体系的开展建立,也可以设计规划创新创业课程,调动各方主体参与创新创业的积极性。同时,政府还应重视通过管理及资源配置等手段,积极协调处理好高校、企业和政府三方主体间的关系,促使创新创业教育合作的顺利进行。

建立健全创新创业的法律法规及政策,鼓励高校毕业生自主创业。政府可以协助高校创办创业竞赛,为学生提供沟通交流的平台,为一些优秀的创业项目提供资金支持,以完善社会创业环境。政府可以设立创新创业项目资金。创新创业教育的运行过程离不开外部环境的支持,因此政府需要优化创业环境,设立创业基金,利用财力、技术等资源优势助力高校人才的创业培养,拓宽创业渠道,扶持高校毕业生创新创业企业的健康成长。从国家层面角度考虑,要重点对学生创业项目进行扶持,设立创新创业专项基金作为创业活动的启动资金,同时也可设置学生创业培训资金补贴。

加大对创新创业知识产权的保护力度,保障创业学生群体的合法权益。在创新创业的实践活动中,由于缺乏对无形资产专业评估的中介机构,学生的创业成果往往被低估忽视,因此在发生产权纠纷时会损害创新创业学生的权利,使其处于弱势地位,所以政府对于高校创新创业法制环境的优化迫在眉睫。对于企业而言,可以让企业导师进入高校为创新创业的学生提供指导性意见,将产业部门的人才需求反馈到教学科研的规划中,有针对性地对高校创新创业人才进行培养。高校应当与企业积极合作,完善校企协同人才培养的模式。在前期产学研结合的基础上,推进全面协同育人工作,将服务于经济社会发展作为培养的目标方向,同时,校企联合培养的创新创业人才可以充分利用高校与企业的教学资源与环境,发挥各方优势,加强高校与社会政府间的沟通联系,激发产学研合作教育的主体动力机制。企业与高校合作的最直接外部动力便是市场需求及通过产学研产生的合作收益。由于创新创业与产学研合作会给企业带来相应收益,从而刺激了企业对其合作的意愿,进而增加了合作经费、人资及物力成本的投入。通过产学研合作教育可以培养具有实践能力的高素质型创业人才;科学有效的教学课程规划也促使了高质量师资队伍的产生;在产学研的合作教育下,师生们都得到了宝贵的实践机会与经验。强化高校学科与产业发展协同机制。高校的学科建设与产业的协同发展不仅是单一学科和企业的对接,更是跨区域学科集合的对接联动。这种合作形式在一定程度上可以促进产业的转型升级,有利于提高高校集群服务的能力水平。发展实体型的产学研教育合作创新模式。产学研结合是企业与高校共同构建的联合创新实体,它是一种由松散到紧密发展的创新模式。高校通过此创新模式的合作途径,不仅可以充分利用智力资源,而且可以提高解决问题的能力,为科研创新开发团队提高强有力的载体。企业在高校创新创业教育协同机制中也发挥着支撑作用。企业是技术的应用者、追求利益的最大化者及创新成果转化的推动者。企业可以通过发挥创新创业教育的作用,达到获取人才、财力及技术的目的,从而降低了成本,增加了企业的收益成效。企业可以配合高校开展参与创新创业项目,形成主次分明的特点。同时,企业也可通过高校资助人才培养体系计划,以高收益回报的形式反馈参与信息。企业责任具体表现为市场技术的拓展、科研成果的转化及技术供给的需要等。

对于高校而言,可以从以下方面完善高校创新创业教育激励动力机制。首先,健全创新创业教育课程体系,使课程更加体系化与系统化。高校学生的创业素质与意识的培养离不开创新创业课程的指导,因此高校应当健全创新创业教育课程体系,使课程更加体系化与系统化。通过对教学环节及方式的提升,有助于学生创新意识和创业技能的培养。为了解决创新创业教育超越专业教育界限的这一问题,高校要对教学理念进行调整改革,注重基础性的教育培养,将创新创业教育的基础性教育与学科专业教育紧密联系起来。高校要积极开展教学科研实践研究活动,制定教学进度与步骤,通过创业导师的经验传授,让创新创业的学生能够增强自身创业的决心与信念。同时,可以为学生创造良好的创新创业环境,激发学生的创业潜能,产生一定的创业动机,并投入到创新创业的实践活动中。

其次,按照国际规范,将创新创业教育纳入人才培养计划中。创新创业的人才培养是一项系统复杂的工作,其构建需要政府、企业及中介机构多方协同配合,其合理高效的运行不仅有利于大学生创业知识及技能的提高,而且有助于创新创业教育的深化发展,更有利于提升大学生创业的核心竞争力,对于创新型人才的培养也起到一定的促进作用,为国家"一带一路"的发展战略提供了人力与智力资源支持,有助于推进社会主义和谐社会的发展进程。

再次,构建科学合理的组织机构。构建科学合理的组织机构是高校创新创业教育的组织保障。该组织机构应遵循全面覆盖、统一指挥的原则。校级应当设置高校创新创业调控中心,统筹创新创业教育的指挥工作,同时负责全校创新创业师资力量的培训、分配与调度,实现各方主体间的合理有效沟通;在二级学院设立创新创业办公室,作为师生与高校间的联络中转站,在其下属机构设立创新创业发展中心及实践部,强化创业实践能力,加强专业实验室与训练中心的设施建设,通过多形式的教学活动激发学生的创业激情,提升自我的认识水平。

最后,培养高质量的创新创业师资队伍。创新创业教育的推广与过硬的师资队伍建设密不可分,创新创业课程应当作为一种指导服务,为行动提供导向。高质量的师资队伍建设需要引进创新创业教育方面的人才,加强师资队伍的创新能力培训,在条件成熟的情况下聘请校外创新创业教育专家开设教学课程,构建一支专职与兼职相结合的高质量创新创业师资队伍。对于创新创业的学生而言,应当转变就业观念,为创业做好充分准备。创业是一种自我价值的体现,是一种高质量的就业形式。同时,创业的过程充满未知与艰辛,创业学生应当具备较高的管理决策与人际交往能力,对自身拥有充分认识和科学评价，从而激发潜在的创业能力。

6.3　调控机制

由于高校创新创业教育在运行的过程中有多个行为主体的参与，各行为主体会因自身利益、情感及认知的不同导致运行过程中的行为冲突，这便会阻碍高校创新创业教育的发展进程，产生难以解决的问题与矛盾，若要保证其正常的运行实施就必须进行合理调控。高校创新创业教育调控机制可以理解为其内外各要素通过制定目标、合理定位及发挥作用等调节化解运行过程中出现的矛盾问题的机理。运行情况的调查与目标调整是高校创新创业教育调控机制的核心任务，对于运行状态进行合理地评估可以确保及时发现运行中存在的矛盾问题，保证问题可以在第一时间内得到快速解决。本节将针对高校创新创业教育调控机制的运行进行科学研究，以此重点分析高校创新创业教育调控机制的调查评估及目标规划调整环节。

6.3.1　调控机制调查评估环节

对于高校创新创业教育运行情况进行科学调研及矛盾问题的准确判断都是创新创业教育运行工作调控的重要组成部分，而建立调控机制的重要前提便是制定科学合理的运行情况调查环节。对于构建调查评估环节而言，重点在明确"调查评估环节的主体""调查评估环节的对象及内容"以及"调查评估环节的途径及方式"这三大问题。

在建立运行情况调查的环节时，涉及的学校部门以及实践教学活动较为繁多，因此必须明确调查评估的主体，明晰其责任，从本质上对高校领导机构的决策进行干预、指导和管理，这都是为资源合理配置打下良好的基础，以促进创新创业教育水平的高效发展。同时，为了提高化解矛盾问题的效率，在工作领导机构和专家委员会的两个决策主体内部应分别设立运行调查评估的部门，这样不仅可以提高反馈效率而且能够保证评估机构的威严性，有利于两个决策主体间的思想价值和理念导向贯彻到工作中去。同时，为了保证评估反馈信息的客观性，还可以引入校外的第三方调查评估机构，这是对评估工作的一大补充。三方的工作性质在一定程度上较为相似，但是侧重点却各不相同：领导机构负责的调查部门主要是从创新创业教育的宏观层面着手,负责整体投资与资源调配;专家委员会负责的评估部门则更侧重于微观角度,例如师生的建议策略及教学科研的设计运行;校外第三方专业评估机构则侧重于创新创业教育的整体运行情况,使其达到高效理想的目标。

评估环节同时也可对学生的创业项目进行全面综合划分,应从长远发展来看待创业选择的方向,对近些年创新创业领域的发展状况及存在数量进行细致盘点,倘若发现市场中的领域已经出现饱和状态,那么就要用建设性的眼光对项目未来的发展趋势进行估测研究,从而评价出其发展潜力。这些举措都可为创业学生提供有利的参考性建议,以确保其创新创业项目不会随波逐流,失去独创价值。

完善的评价环节需要对主体进行定期的综合评价,既包括了政府是否能够充分利用自身职能协调各方利益,推行政策的实施,也包含了企业是否可以为创新创业的学生提供成熟的实践基地,以及中介机构是否为学生制定了完善的创业服务体系,这些都是评价环节的内容。只有对各主体进行定期核查,才能端正检验其工作态度,对各参与主体方起到监督促进的作用。

创新创业协同评价机制是调控机制中的一个方面,它有助于提高创新创业教育机制运行效率。首先,高校在实践教学科研效果评价的机制下建立创新创业教学效果评价机制可以有效地评价校内师生,务实教学科研成效,并逐步完善专业实践教学的质量。其次,企业与高校可以协同推进创新创业教学评价,将教学质量与教学报酬、评优及职务晋升联系起来,以此激励企业单位重视创新创业教育的推行。

创新创业教育质量考核评估机制是调控机制的另一方面,它可以通过对创新创业教育的实施水平与效果进行及时反馈,对教育活动作出价值评估,提高学生的创业技能与素质,对于优化创新创业教育以达到价值增值的目标具有推动作用。有助于约束和规范各方主体的协同关系,是促进协同关系的制度保证。构建新型的考评机制有利于激发企业参与高校创新创业教育的积极性。一方面,是外部考评,上级政府部门将创新创业教育的质量作为教育水平质量的重要指标,同时要求第三方机构对其进行绩效评估,接收舆论的监督。另一方面,是内部考评,协同双方应立足资源调配和项目执行等方面进行绩效评估,明确各方的权力职责,逐渐健全跨界协同关系下创新创业教育体系的管理制度。科学有效的评价体系对于协同育人的运行过程及环境具有重要意义。创新创业教育协同育人环境的考核评价内容包括高校毕业生创新创业法律法规、创业扶持制度政策及创业咨询机构的数量；是否设置创业教育基金或是进行风险投资，这将为创新创业教育提供资金的支持；协同育人的教学水平评估包含课堂与实践的教学评估。课堂教学评估可以从核心课程规划设计及多元教学方法展开，而实践教学包括校内和校外实践，可以表现在创新创业竞赛、实践活动及论坛的举办成效。评价考核的内容要全面有效，不仅应对创新创业教育活动的结果进行评估，也要对活动的过程进行细致监测；定性与定量研究相结合的方法可以作为评价的一项绩效指标。

在高校创新创业教育体系中，可以分为参与主体、育人载体、投入状况以及整体效果四个层面。当然，对于研究调查教育的运行情况也可从这四个层面进行细致分析与总结。通过访谈交流的形式了解师生对于创新创业教育情况的个人态度；而对于教学课程的形式和内容进行不定期的监测，从而发现育人载体中所存在的不足之处；对于人力、物力以及财力资源的调配情况，要进行深刻地投入情况分析；了解参与创新创业培训的学生在综合素质与创业意愿上的能力提升是了解整体效果必不可少的因素，同时师资力量的增强也是工作成效的一大体现。总之，这四个层面对于建立高校创新创业调控机制具有举足轻重的作用，建立四位一体的多元评估体系对于调查评估环节也尤为重要，这不仅可以及时获取评估运行的具体信息，而且可以为决策系统提供高效的反馈信息。

在调查评估的环节中，若要了解参与主体的主观感受则必须制定合理的访谈纲要，可以通过合理性的访谈形式了解参与主体的意愿感受，对访谈信息进行整理总结。而在育人载体和资源投入层面，由于这些评估对象都是客观存在的，所以其结果具有客观存在性，在此调查环节应当明确调查的标准，具体的课程覆盖范围以及经费投入情况应当纳入评估体系中，从而建立规范的创新创业教育评估体系。在整体成效的评估环节，可以针对不同的教学阶段对参与主体进行认知测量，从而获取所需的信息数据，在微观角度侧重于对个体现状的调查，而在宏观角度侧重于创新创业教育整体成效的研究。

在高校创新创业教育中，教育与创业主体的分离是导致创新创业教育问题不断发生的重要影响因素。若想化解这种矛盾问题,就必须从学生的立场角度来推进创新创业教育的改革进程,将师生间的单向传输转变为两者的双向互动,将二元分离的教学创业主体转变为多元主体的协同发展。应努力分析各方利益诉求和特点,从创新创业教育属性的角度出发,打造利益发展共同体,尤其是以师生、高校与政府构成的创新创业教育发展共同体,最终实现多元主体的协同发展。在高校创新创业教育的运行过程中,政府应当为创新创业教育提供政策制度保障,负责政策的供给落实;而高校则应不断推进人才培养模式的升级,力求在课程教学体系与方式方面满足学生的个性需求,为创新创业教育提供动力支持和机制保障。教师应当在创新创业教学领域中,充分发挥学生的主观能动性,实现师生的共同发展与进步,同时,学生应当树立正确的创新创业价值观,积极参与创新创业竞赛,在比赛中获取经验,提高自身的创业综合素质。企业则应当构建合作贡献的利益机制,参与创新创业活动,充分发挥创业教育共同体的职能,消除化解各方参与度与积极性低下的矛盾问题。

6.3.2 调控机制的协调完善环节

对于高校创新创业教育调查评估主体所得到的反馈信息,调控机制可以利用这些信息协调各方主体对工作规划与行动制定的完善,这有利于创新创业教育运行的优化升级。由于调控机构的调查评估环节所涉及的部门众多,在此过程中会涉及跨部门合作的理念,因此可以从组织和制度这两个层面对高校创新创业教育进行推进。

跨部门协作的首要问题便是各方利益的不平衡以及目标不一致,一旦两个部门间缺乏协作和沟通,将会影响整个创新创业教育的成效。因此,结合我国高校的实际情况,需要成立一个富有权威性的管理组织来对跨部门协作过程进行完善管理,其职能便是打破部门合作壁垒,加强部门间的交流沟通,最终实现行动的统一性。同时,高校领导及相关职能部门的加入,不但可以提高协同合作管理机构的权威性,而且有利于对教育资源的争取以及部门间的沟通交流,更能使得领导机构与各部门院系间达成共识,促使工作的贯彻落实。

多部门间的工作交叉将导致跨部门协作的效率低下且极易产生矛盾问题。为了消除这种模糊工作职责带来的合作障碍,一是要明确各部门在协作过程中的职责权限,可以利用协商性的工作文件与会议将分工制度化;二是可以明确职责主体的工作,加强职责权限难以划分的部门间信息交流的联系及拓宽信息反馈渠道,以此减少和化解工作矛盾。

科学合理的组织框架对于高校创新创业教育调控机制的协调完善有着推动作用,同时,在制度方面,还可将工作更加稳固化。高校创新创业教育的跨部门协作若想达到可持续、规划化,既要有规章制度的刚性需求,也要有文化交流的柔性保障。

从跨部门的刚性保障角度考虑,如果仅仅依靠部门间的口头协议和人际主观因素来协调完善部门间的关系,这样的方法是难以持久下去的,它无法保证高校创新创业教育运行的稳定发展,只有构建出协作部门认同的规章制度,加以强有力的手段进行规范,那么再遇到矛盾问题时,便能确保协作的可靠与持续性。高校创新创业教育跨部门的正式制度需要强制力加以保障,因此首先应明确制定机构。高校创新创业教育工作领导机构与专家委员会作为两大决策主体,可以根据相应的决策范围和侧重领域对合作制度进行制定划分。第二是要形成相一致的制度体系,由于决策主体的不唯一性,在制度标准方面或许会产生矛盾与冲突,因此就必须在制定协作制度方案时充分了解双方意愿,加强沟通交流,形成一致的制度目标体系。第三是在充分了解和调研各职能部门及科研教学机构的基础上,建立制度执行的监督机制,通过预警等强有力的手段将协作制度落实到位。

从跨部门的柔性保障角度考虑,文化交流的构建应当以共同的价值取向和理论信念作为基础,不同部门间建立的理念共识应以相同的价值取向为联系,从整体利益最大化的角度出发,制定设计自身的行为目标;另一方面,可以构建更多的良性沟通平台和协作机制,拓宽交流沟通渠道,制造更多的常态化对话机会,做到资源共享,信息互助,营造一种良性和谐的文化合作氛围,以此培养部门间的默契。在此过程中,也可加强各部门合作意识,建立长期有效的互动信任感,这有助于构建协作文化生态,满足共同的价值理念与目标追求,通过部门协作的交流互助,可以提高其向心力与凝聚力,对于高校创新创业教育的未来发展具有重要意义。

本章以高校创新创业教育协同机制为研究对象,依次对管理决策机制、激励动力机制以及调控机制进行了深入的研究、分析与探讨;结合高校创新创业教育管理决策主体及关系分析,研究了高校创新创业教育管理决策运作程序以及构建原则;结合高校创新创业教育激励动力机制宏观层面与微观层面对其构建的基本原则进行了深入探讨;结合高校创新创业教育调控机制的目标及任务分析,从主体、对象及内容与途径方式层面对调控机制的调查评估环节进行了研究,从组织和制度建设层面分析了调控机制的协调完善环节。

第7章

创新创业教育协同机制的保障

建立一个完善的高校创新创业教育协同机制保障体系能够保证创业有关教学活动的顺利开展。不同于其他形式的教育,创新创业教育旨在促进人的全方位发展并符合经济社会发展的需求,是一种崭新的形式,其实施比较复杂,需要建立一套成熟的保障体系。高校创新创业教育协同机制能不能顺利开展,必须聚焦于三个关键点:第一是教学者,组建高水平的教育队伍;第二是教学质量管理,保证优质的教学质量;第三是制度环境,创造良好的教育环境。结合高效创新创业教育协同机制这三个关键点,本书认为创新创业教育协同机制保障体系应包含三个部分,一是教育队伍保障体系,二是质量管理保障体系,三是制度环境保障体系。本章将围绕教育队伍、质量管理及制度环境体系的建设,对创新创业教育协同机制保障体系展开透彻研究。

7.1 教育队伍保障

老师是创新创业教育知识的传播者和实施者,学生创新创业理论知识和实践训练离不开专业老师的指引,要完成创新创业教育相关目标离不开老师的教学实践,组建完备的教育队伍保障体系才能保证创新创业教育协同机制的成功运作。优秀的创新创业型教学队伍是高校创业教育的重要力量,促进优秀教师队伍建设是创业教育协同机制的根本保证。老师是促进创新创业教育的中坚力量,对教学方式的采用,教育质量的完成等各方面都发挥着重要作用。教育队伍建设是开展创业教育的关键所在,高质量、优秀的创业型教师队伍,对转化教育观念和形式,对高校学生创新创业能力的提高,发挥着举足轻重的作用。开展创新创业教育需要一批专业化的教师队伍,组建一支钻研创新创业教学、具有足够经验或兼具经验和科研的教育团队是创新创业教育协同机制的重要保障。

关于教育队伍建设,创新创业教育有两方面特征,一方面是创新创业教育由于开展较晚,该观念和形式在初期推行过程中会出现教师缺乏的情况;另一方面是创新创业教育必须理论联系实际,必须要有理论授课老师和具有丰富创业经验的老师。鉴于这两个特征,本书认为创新创业教育队伍保障体系建设应该包括构建一支结构合理的专职和兼职队伍、加强创新创业教育师资建设机制。

7.1.1　构建一支结构科学合理的专兼职师资队伍

高水平、高质量的教育团队是顺利开展创新创业教育的关键点,推动优秀的创新创业教育教育团队建设是发展创新创业教育的前提,老师是促进该教育发展的主要力量,在课程研究、教学方式采用、教学成效等方面起着至关重要的作用。新时代教师必须满足创新创业教育新的要求,参与教学的老师必须掌握一定程度的创新创业理论、经历和能力。通常专职老师的数量是依据专业需求确定的,另外,聘请企业里有丰富创业实践经验并兼有理论知识的专家作为兼职教师,并邀请成功的创业者来学校开展创业讲座。所以,为了推动创新创业教育的发展,要招聘高质量的创新创业教育人才,构建一支与时俱进的专兼职创新创业教育教师团队。在组建一支高水平的专职教师队伍的同时,还需要聘请一些创业实践型教师力量,从国内外企业邀请兼具实践经历和理论认识的全面人才,例如成功的创业者、经管行业专家、投资专家等作为兼职教师,他们通过开展专题讲座等形式,不仅能让本校老师能更新其理论知识,还能传授有用的实践经验给大学生,提高学生对创新创业的兴趣和积极性。高校可以和一些国内外企业建立合作联系,合作企业提供一些先进的创业理念和实践项目,利用企业职员讲课、开展讲座、指导实践等形式,培养大学生的创新创业思维能力,提升大学生的创新创业热情,只有这种全面的教师团队才能推动创新创业教育的发展。专职教师主要包括本校专门研究创新创业或与其密切相关的老师;兼职教师主要包括其他学校创新创业专职教师以及有创业经验的企业职员和政府职员等。专职教师和兼职教师中其他学校专职教师主要承担创新创业理论教育方面的职责,兼职教师中有创业经验的企业职员和政府职员主要承担创新创业实践教育方面的事务。

专职教师队伍建设。高校需要一支专门钻研创新创业教育的师资团队,来对教学理论深入研究,探究学校开展创新创业教育的现状、问题以及解决对策,探究大学创新创业教育进展规律和趋势,为高校创新创业教育变革、进展和实施提出科学的、权威的、有效的理论依据。该团队需要分析目前的就业形势和创新创业形势,探究就业规律和创业政策,总结有效的创新创业办法和技巧,从成功案例中总结创业者的必备素质,加快构建创新创业教育理论体系,编写出实用的学科教材,也必须组织负责课程教学的师资团队。高等学校创新创业教育专职教师队伍主要包含两类人,一是专门探究创新创业教育的职员,二是探究与创业教学密切相关范畴的职员,专职教师团队建设可以对其进行深入研究。

一方面,促进创新创业教育学科发展,构建师资培训平台。创新创业教育的目标、教学内容和形式是独立的,因此专职教师团队培训也是单独的。有创新创业教育研究经验的专家成立创新创业教育学科,不仅可以逐步促进创业教育的发展,提出利于创新创业教育实行的探讨结果,而且可以培养出理论知识渊博的博士和具有创业实践本领的硕士,利用强化创新创业教育研究和培训专门教学人员来组织高水平的创新创业教师队伍。借鉴国外高等学校生命教育、创业教育等发展过程,全新教育形式广泛发展的前提是构建独立学科,美国 1980 年创业有关学科的兴盛,促使了近 20 年美国高等学校创新创业教育的普遍、快速发展。

另一方面,搭建创新创业教育教师进修培训平台。创业所需要的知识包涵社会学、政治学、经济学、管理学等多范畴,大学创新创业教育与社会学、政治学、经济学、管理学等学科以及思想道德教育都相关联。优秀的教师队伍对大学生创新创业能力的培养,起着关键的作用。但是当前高等学校既有创新创业理论知识又有创业实践经验的专业老师是十分稀少的,大多数老师都只是接受了短期有关教学培训,只能传授基础的创业知识,实践经验不足。如果只传授基础知识,是不能培养大学生的创新创业实践能力的,这是影响高校创新创业教育深入发展的难点。所以,提升创新创业教育老师质量、组建优秀的教师团队是目前迫切要解决的问题。在开展创新创业教育的初期,可以为教师提供进修培训的机会,让他们参加一定的基础知识理论培训,以充分适应创新创业有关科目的教学要求。为了提高师资研究能力,可以鼓励老师参加国家级的创新创业培训会、地区论坛会、研讨会,选择优秀的老师出国访问学习,感受其教育观念和教育方法与国内的不同点;为了丰富教师的创业经历,实施"产学研一体化"模式,将探究结果带入到实际创业过程中,还包括建立学校公司合作项目,使老师参与到经营治理企业中去。

兼职教师队伍建设。除了组建一支知识广博的专职师资团队外,还需要一支实践经验丰富的兼职教师队伍。兼职教师队伍建设需要具有创新创业能力的教师加入,聘请国内外具备创新创业实践经历和丰富理论知识储备的全能型人才,例如企业家、创业成功者等。他们作为高校创新创业教育的兼职老师主要以开展专题讲座的形式教育和指导学生,提供直接经验,通过交际和协作,让高校同学能够了解到更多有效的经济管理知识和办法,提高学生创新创业的热情和创新创业的能力,让他们未来创业更加顺利。高等学校创新创业教育兼职教师队伍也主要包含两类人,一是其他学校研究创新创业教育的教师,二是有丰富创业经验的公司和政府职员。

构建区域创新创业教育老师共享体制,由于本校可能会存在专业教师不足的情况,高等院校可以联合本区域其他大学建立创新创业教育专业教师资源库,组建师资共享体制,以开放的心态全面机动地运用本地区优秀的教师资源。这不仅可以利用学校之间师资的资源共享来解决教师队伍缺乏的问题,而且可以充分了解到其他高等院校创新创业的优点和特征,提高大学创新创业教育的水平,多种高校创新创业教育形式的交流讨论和相互影响能提高整个地区创新创业的教育水平。构建创新创业校外老师聘请制度,高等学校作为带头人,联合本地区政府和企业,建立创新创业教育校外实践基地,聘请有丰富经验的公司及政府职员来担任实践基地教师,他们用自己的经验引导学生,承担传授学生创新创业实践能力的责任,教学生如何将创新创业理论知识与实践相结合。

7.1.2 加强创新创业教育的师资建设机制

老师是开展学校创新创业教育的主体之一,负担着培育人才和提升大学生创新创业实践能力和创业积极性的责任。一个国家和地区的教育水平,从根本上取决于教师队伍的整体素质,没有一流的老师,就培养不出一流的人才;没有高水平的师资队伍,就办不好人民满意的教育。从这里可以看出,创新创业教育的教师团队质量会对创新创业教育产生重大影响。组建一支具有创新思维、丰富实践经验和专业理论知识的教师团队是确保创新创业教育教学效果的核心。借鉴国内外高等学校创新创业教育教师团队建设的先进经验,并联系我国自身情况,可以从以下几方面来提升创新创业教育的教师团队质量。

设定严格的创新创业教育老师的聘用条件。目前,我国高校还没有专门的创新创业教育专业,所以创新创业教育教师非常稀缺。为了确保创新创业教育的正常开展,主管大学生就业的部门老师和一些经济管理学院的老师来担负创新创业教育的教学工作。其实,大部分老师没有接受过长期的创新创业教育培训,并且几乎没有创新创业经验,教师团队质量普遍较低。所以在组建创新创业教育队伍时,要挑选高水平教师,可以在学历、专业、创新创业经验等方面设立严格的准入条件,既看重创新创业教育理论知识也看重创新创业实践能力,不仅重点考察老师的创新创业思维能力、教学水平、知识储备和实践能力等方面,还需要考察最基本的思想道德品质方面,提高入选门槛,挑选出一支高质量、优秀的教师团队。

完善创新创业教育教师团队结构。首先组建高质量的专职师资团队,学校应该建立创新创业教育老师培训制度,组织教师参加国内外培训活动并鼓励老师去企业挂职获得实践经验,尽力为创新创业老师提供优质的学习环境。其次充分利用本校各专业教师资源,组建一支拥有不同专业知识的教师队伍来开展教学活动,使创新创业教育师资团队结构更趋于合理化。再次,重视挑选和培养优秀的创新创业教师。依据严格、公平的准入条件,选拔出一支高水平、高质量的优秀年轻教师队伍。最后,组建一支经验丰富的兼职教师队伍,聘请创业成功者、企业职员、风险投资者、经管类专家等来担任高校的兼职教师,来填补高校实践教师的不足,向学生传授创新创业实践经验和技能,给他们提供坚实的支持和帮助。

强化教师培训,构建系统的创新创业教育师资培训制度。优秀的教师团队是创新创业教育的基础,挑选和培训教师是组建高水平师资队伍的唯一办法,创新创业教育对老师设定了更高的条件,老师需具备创业基础知识、创业经历和创业能力。强化创新创业教育老师培训、提高老师的综合素质是促进创新创业教育深化发展的关键。教师团队需要从目前的知识型、传授型向创新型、多样型转变,需要重点训练老师的创新思维和实践技能,让他们探究出提升学生创新意愿和思维能力的办法。教育部部长赵沁平同志说过,要想培养出具有创业素质的学生,老师就必须要有过创业实践经历。为了实现此目的,一方面要鼓励老师"走出去",即选拔优秀的老师与企业一同参与创业实践或者独立创业,充分让老师将理论和实践联系起来,提升其教学和实践的综合能力,国外许多高校的教师都亲身体验过创业的全过程,有些老师从事过或者目前仍留在企业,他们更加清楚目前的创业形势、发展趋向和实际创业过程中会遇到的问题。另一方面要尽力探寻多种创业实践活动,强化国内外创新创业的交流和探讨,组建一支优秀的、高质量的创新创业教育教师团队。老师需要接受专业化的全面培训,具备创新创业知识是基础,另外还需要参加各种研讨交流会、成功案例分析会和创业经验会,提升全方面能力。

构建系统化的创新创业教育培训制度。一方面,要扩展创新创业教育老师的培训途径。各个学校可以定期邀请国内外专家学者在学校开展创新创业教育专题讲座,为本校老师和外校老师更好地进行交流学习提供更多的机会,让本校教师学到更先进的教育理念和经验;每年选派优秀骨干教师参加国内外举办的创业研讨会和培训会,让他们学习到目前最新的创新创业教育理论知识和创业有关的一线动态。另外,挑选优秀老师并让他们到企业挂职工作,坚持理论和实际要结合的原则,利用具体实践项目、企业运作管理等工作,获得创新创业实践经验,然后将其在企业实践中学到的知识传授给学生,不断丰富教学内容。另一方面,增大培训强度,提升师资队伍的整体质量。首先,要与时俱进,定期更新创新创业有关理论知识,并扩展教师多方面的专业知识,如经济、管理、法律等方面,提高其综合素质,培养教师综合运用各知识的能力。其次,鼓励老师研究创新创业教育理论,例如当前就业形势、创业的现状与难点、如何将理论与实践相结合的研究。在探索过程中,逐步健全创新创业理论,培养教师创新思维能力。最后,提高老师的创新创业实践能力。为了丰富老师创新创业实践经验,高等学校应该为老师们创造更多的实践条件,尽力解决他们在创新创业实践过程中碰到的问题,提高老师创业积极性,让所有的创新创业教学老师都敢于创业和实践。

做好教育队伍管理形式的激励机制建设,完善教师考评和激励体制。对老师进行职业品德教育,提高创新创业教学的积极性、主动性和责任意识。不但要多开展老师培训会,强调创新创业教育对国家未来发展的重要性,强调此工作需要很明确的责任态度。而且要借助网络、校报期刊、横幅、微信推送等宣传形式,创造一种积极的创业氛围,由此增强大家对创新创业教育的肯定,提升老师工作的成就感。高校领导高度重视创新创业教育工作能带领和提高老师的教学积极性。

对于创新创业老师的工作量,依据其教学特点,需要把创业讲座、创新创业实践指导、解答创业咨询等工作换算成教学工作量。在绩效考核中,要清楚教育质量管理组织结构,制订重要教育环节质量管理标准与教学管理制度,健全教育质量保障分析系统与质量反馈信息处理系统,构建人才培养质量控制模式。老师作为高校创新创业教育中的主导者和引导者,必须要提高教师综合素质和改变实践能力观念,并把教学质量和创新创业实践相结合;要加大对创新创业教育的考评,教育考评综合考虑教学水平和创业教学能力,在某种意义上消除"纯学术学者",让教育团队从如今的知识型、传授型向创新型、多样型转变。

完善老师考评和激励制度,提高老师创新创业教育工作的积极性。绩效考评要依据创新创业教育的特点,综合运用定性与定量的办法考察老师的创业意识、研究能力和教学水平等,老师参加创新创业教学与探究是绩效考核最基本的要求。高等院校制定明晰的激励制度,向取得优异成绩的老师提供一些物质奖赏和精神表扬;并提供实践基地和资金支持给从事创新创业教育研究和创业实践的老师,这些物质保障有利于吸引高质量的师资力量和确保创新创业教育的顺利开展。

7.2 质量管理保障体系

《国家中长期教育改革和发展规划纲要(2010—2020)》中谈到,教育改革的关键任务是提升教学质量,树立以提高教育质量为中心的教育发展观,构建以提高教育质量为方向的管理体制和工作制度。针对高等院校,教育改革发展的关键任务也是努力提高教育质量。高等院校可以组织创新创业质量保证领导负责小组和专家小组,利用行政力量和学术权威,协同保证创新创业教育质量。要建立行政和学术体系下的教育质量保障体系就需要对大学创新创业教育质量进行深入评价和剖析。构建高等院校创新创业教育质量评估制度,是大学创新创业教育质量管理保障体系的重中之重。教育质量保障不仅包括创新创业教育师资、物资等保障,还包括创新创业教育的教学成效保障。在此基础上,本书认为要建立以加强创新创业教育评估为焦点的创新创业教育质量管理保障体系,按期考评高等院校创新创业教学组织状况与教学成效,随时监测并对其实施情况进行考评,为提高教学质量提供科学依据并充分利用各资源。

7.2.1 创新创业教育教学组织评估

高等院校创新创业教学组织状况的评价主要集中于考评学校对创新创业教育的重视程度和各方面投入情况,评价学校创新创业教育教学组织情况是完善教育改革和提高教育质量的前提。创新创业教育教学组织情况评价的关键是选择科学的评价指标,一般来说选择考评标准可以参考投入、过程和效果。对投入的考评标准主要涉及创新创业教育的各方面投入状况,包含政策保障、教师队伍投入、资金投入、管理人员投入、基地建设投入等方面;对过程的考评标准主要涉及创新创业教育具体课程安排、教学方式、教学服务保障、组织管理等方面;对成果的考评标准主要涉及学生理论学习成绩、能力状况、实践技能等方面。鉴于对高等学校创新创业教育组织状况的评估主要就考评高校对创新创业教育的重视程度和投入,所以本书选择以下几个评估指标,具体来说:

政策保障方面。政策保障现状不仅表现在高校对创新创业教育的行政支持,例如是否组织由学校领导带头的创新创业教育任务领导小组,及时处理与创新创业教育有关的各项工作;而且还表现在高校对此类教育的学术支持,例如是否构建创新创业教育学术研究的激励制度,是否组建创新创业教育专家小组,为创业教学质量的提高提供坚实的政策基础。

教师队伍投入。教师队伍情况不仅表现在本校创新创业教育专职老师和兼职老师的人数,老师人数的多少可以看出高校开设创新创业课程的多少,而且表现在优秀老师占全部老师的比例,包括博士学历老师比重和正、副教授比例。

资金投入。创新创业教育能否顺利开展的核心是资金的投入。高等院校创新创业教育资金投入由两部分组成,一是基础资金投入即创新创业教育研究资金的投入,二是重点资金投入即创新创业开展教学活动的资金投入。其中开展教学活动的经费主要包括显性课程和隐形课程管理运行的资金投入,也包含对优秀人才投资的花费,例如补贴优秀学生参加创业实践比赛所需的花费、创业项目研究经费等。

管理人员投入。创新创业教育管理人员范围很广,即创新创业教育体制中除了教学老师以外的所有人员。他们主要从事创业教育的隐性课程的相关工作,对组织管理人员投入情况的考评例如是否建立专门的创新创业教育管理机构,管理创新创业教育的职员数目等。

基地建设投入。基地建设包括创新创业教育理论研究基地和创新创业教育实践锻炼基地。理论研究基地是建立在校内,学生在这场所学习理论知识,是学生研究理论的主要地点。实践锻炼基地提供给有创业意愿学生实践锻炼的重要场地,该基地一般在校外主要由高校结合政府和公司建立的。基地建设投入的考评标准包括软件标准和硬件标准,软件标准包含基地配有的理论教学老师和实践引导老师,硬件标准包括创业教育基地的个数和基地能容纳的学生人数等。

教育课程安排方面。高等学校创新创业教育的显性课程即包括大学必修课、选修课或者辅修课,这些课程能让学生获得创新创业教育的基础理论知识,另外也包含专业课程、思想道德教育、通识课程等课程,有利于提高大学生创新创业的能力。应该制定科学合理的创新创业教育显性课程,课程内容应涉及创新创业理论知识、创业技能要求、目前创业形势等,从传授基础的理论知识到提高学生创新创业的能力再到让学生了解到创业的价值所在,最后培养创造性思维和激发大学生创新创业的积极性。隐性课程并不是传统的课程规划中的大学课程,它培养学生是借助学校文化和学习环境来产生影响,事关学生综合素质的提升和身心健康的发展。高校创新创业教育隐性课程是在课外开展的,需要学生从本校学习氛围中学到相关创新创业理论知识。创新创业教育隐性课程不同于显性课程,具有两个特征:一是形式更加多样,显性课程主要采取传统的教室教学方式,而隐性课程要借助于一些课外活动,参加这些活动能学到有关创新创业知识和提高创新创业实践能力,隐性课程的形式非常丰富,如创新实践比赛、参与社团组织、课外实践锻炼等;二是学习过程更加轻松,创新创业隐性课程把有用的创新创业知识、实践能力等放入到具体场景中,通过活动展现出来,大学生能够在轻松快乐的环境中获得知识,并能提高学生创新创业学习积极性。

教学方式方面。高等学校创新创业教育教学方法是指高校为了培养出具备较高创新创业意愿、熟知创新创业理论知识和掌握实践能力的学生,在教学中采用各种办法将教学目标转变为教学成效。本书认为创新创业教学应采用传授与启发研究相结合、理论与实践相结合,也可采用实践教学、理论传授法、案例教学法、研究型教学、启发教学法等教学方法。

服务保障方面。良好的创新创业教育质量离不开完善的创新创业教育服务保障体制。完善创新创业教育服务保障体系需要做到以下三点:第一,创建大学生创新创业引导服务中心。指导服务中心一方面可以向创业实践队伍提供经费、场所和人才等支持,另一方面搭建可以强化大学生与企业之间的联系。所以,各学校应结合本校具体情况,设立专门的创新创业引导服务机构,对创业的学生和创新项目提供一对一帮助服务并给予及时指导,时刻关心他们的未来发展趋势,对于创业失败的学生要帮忙分析问题找出对策,鼓励他们继续努力。第二,强调创建创新创业教育实践基地的重要性。高等院校应该为学生提供一个将想法转为实际的场所,构建完善的、设施齐全的创新创业教育实践基地。建好创新创业教育实践平台后,要充分利用其实践功能,向全校师生宣传,扩大受益群体数量并进一步规范其管理制度。第三,创建创新创业教育信息化服务平台。学校应充分利用好网络和图书馆强大的宣传信息的作用。可以在图书馆设置一个为同学们提供创新创业教育系列书籍的专门书架,书架上面摆放整理好的有关创新创业方面的书籍和期刊,而且实时更新有关创新创业类的文献资源,让师生享受到各方面的信息服务。此外,当前是"互联网+"的时代,人们获取信息的重要途径也是通过网络,构建网络化的信息服务平台,让高校师生更加方便快捷地获取到更多和更加准确的最新创新创业政策、相关讲座、典型案例、实践企业等资源,充分发挥图书馆和网络的学习功能。

要想充分了解到高校创新创业教育目前开展的现状,就必须设定创新创业教育组织情况考评标准,这不仅有利于完善需要加强的方面,促进高校创新创业教育的健康发展,还能促进创新创业教育理论研究和创新创业实践的发展。借助创新创业教育评估标准,对其进行纵向比较,可以看出高校对创新创业教育的投入和重视的变化情况;对其进行横向比较,通过对比不同高等院校的开展教育情况,借鉴其好的办法,为领导制定创新创业教育政策提供有关宝贵建议,也能为全省市甚至全国制定教育有关政策提供现实依据。

7.2.2　创新创业教育教学效果评估

开展创新创业教育是为了帮助高校学生增强创新创业意识和提高学生创新创业能力,让他们树立正确的价值观并积极主动地尝试多种行业的创新创业,增强学生的创新创业意识、提高学生创新创业能力是实现教育目的的关键所在。开展的所有教学活动是否达到教育的目的、能达到何种程度即为大学创新创业教育的教学效果。简单地说,评估教学效果即判定参加过创新创业教育的学生他们的创新创业的意识、积极性和能力是否强于未参加培训的学生。所以,大学生创新创业教育教学效果必须和创新创业教育目标相对应。

鉴于直接评估大学生创新创业意识和创新创业能力比较困难,为了更加科学合理地评估大学生的创新创业意识和创新创业能力,本书提出创新创业意愿和创新创业自我效能感两个概念。创新创业意愿指的是学生是否有创新创业的想法和主观态度,反映了大学生对创新创业的积极性高低。与目前的高等教育系统中的专业教育不同,高等学校创新创业教育是帮助学生树立正确的价值观、增强他们创新创业的积极性并让他们有信心参与实践创业活动,是培养大学生创新性、独立自主创业意识的教育。高等学校创新创业教育在讲授创新创业理论知识的基础上,还要丰富教学形式和更新教学方法,开阔学生的思维,增强大学生创新创业意愿,培养大学生的创新性思维和主动性意识。对每个学生来说,培养他们创新创业独立主动的意识是为了使他们形成独立、创新的思维,帮助大学生明确自己的主体角色,激励他们充分发挥个人主动性和潜力去提升自己的价值,获得显著的进步和发展。

创新创业自我效能感是基于美国心理学家班杜拉在 1977 年提到的自我效能感而产生的。班杜拉认为自我效能感是个人对自己是否可以完成这件事情的估计和判断,对于很多领域都同样适用,不同领域的含义各不相同。创新创业自我效能感是它在创新创业领域的运用,它的具体含义是个人对自我是否可以实现创新创业目标的判断,反映了个人对自我创新创业能力的肯定程度。可以设计问卷,可以测量个人创新创业意愿,反映个人对自我创新创业能力肯定程度的创新创业自我效能感,反映大学生的创新创业积极性和创新创业能力,从而可以看出创新创业教育教学的成效。并对参加过创新创业教育有关课程学生的测量结果进行性别、年龄等基本变量的差异分析,探究不同年级、年龄、家庭环境和背景、专业、性别等大学生在创新创业教育课程中的学习状况,根据这些数据分析,针对不同学生制定不同的创新创业教育形式,提高创新创业教学质量。

7.3　制度环境保障

尽管教育环境对教育的影响是潜在的、间接的,但它对教学效果产生的影响是不可小觑的,是高校创新创业教育协同机制保障体系中必不可少的一部分。日本学者细谷俊夫在 20 世纪 30 年代著述的《教育环境学》中,具体阐述了自然环境、社会环境和精神环境对教育产生的影响。创新创业教育环境是指营造良好的学校创新创业氛围和支持创新创业教育发展的制度环境,是全校师生身处校园中可以感受到的有关创新创业的意识形态、价值规范。教育环境包含学校基础设施,例如教学楼、图书馆、食堂、宿舍楼等;学校环境构造,例如绿化设计、建筑风格、校园规划等;学校规章制度,例如管理制度、发展规划等;精神文化,例如校史、校训、学习风气等。高校创新创业教育制度环境保障体系是指创造一个有利于开展创新创业教育的环境的一套保障体系。

7.3.1　高校创新创业教育环境的作用分析

简单地说,营造良好的高校创新创业教育环境的作用是推动高校创新创业教育顺利开展,保证全校师生在校园中感受到利于其创新创业能力提升的教育的意识形态,提高创新创业教育管理效率和教学质量,提升大学生参加创新创业教育的学习成效。本书认为教育环境的三个作用对高校创新创业教育环境中的全校师生产生着巨大影响。

教育环境的价值引导作用。新一代的大学生他们一方面更倾向于关注具有新时代特点的新颖观念和事物,不同于其他年龄阶段群体大学生能更快接受新颖观点和事物;另一方面大学生正处于青春期,心态非常不稳定,他们的意识形态还没有定型,很容易受周围制度环境的影响。针对有此特点的大学生群体,应充分发挥教育环境的价值引导作用,在学生身处的环境宣传创新创业的价值观念和意识形态,将有利于培养其创新创业意识和精神,有助于提升大学生对创新创业的积极性,从而间接影响创新创业教育教学的成效。老师们重视自身的发展,并能认真遵守学校管理制度和贯彻学校有关政策,能帮助营造一个支持创新创业教育的制度环境,对开展创新创业教育教学活动产生积极影响。另外,将创新创业有关要素融入学校学习氛围中,也可以增强老师创新创业教学工作的责任感,为老师开展创新创业教学活动形成价值引导。

教育环境的目标引导作用。教育环境的影响一般是通过学校宣传、学校活动、规章制度、校风校训等方面,这些都由高校主动组织,体现了本校的教学和培养目标,所以教育环境具有明确的目标引导性,能够对全校师生起着引导功能,老师和学生更加偏向将高校发展目标和学生教育目标紧密结合,所以教育环境中高校的目标引导作用会使个人的意识形态发生变化。一旦把创新创业教育的思想观念等利用校园的目标引导功能融入高校教育环境中,将会逐步使全校师生转变目标直到与高校目标一致,进一步提高创新创业教育中学生学习和老师教学的热情。

教育环境的资源集合作用。教育环境不仅具有价值引导和目标引导的作用,还可以汇聚潜在的校园共识,提升老师对创新创业教育教学与学生创新创业教育学习的成就感和认可感,在学校中形成一股强大的凝聚力,指引身处教育环境中的领导者、管理者、老师和学生全部投身到创新创业教育中,为创新创业教育的顺利开展集合重要的物质和人力资源,保证创新创业教育各个环节稳定开展。

7.3.2　高校创新创业教育的生态学分析

鉴于高等学校创新创业教育环境不仅包括物质方面也包括精神方面,并且它能影响教师和学生,还能影响到创新创业教育的教学内容、教学形式、教学方法、教学过程和教育观念等,涉及范围广泛,相互之间关系复杂。为了防止以单视角和孤立地看待和探究高校创新创业教育环境保障体系,本书借鉴环境生态学的有关概念把高等学校创新创业教育环境看作是内外要素相互影响的生态系统,关注此系统中的物质和精神各方面,用生态学的角度来分析高等学校创新创业教育环境。

马克思主义的生态观中谈到,人类和其他动物是相同的,会受周围的生态环境的影响和约束,却又可以利用劳动改造生态环境和改造大自然,所以马克思主义认为人类和其生态环境之间的关系是相互影响和作用。生态学专家学者也赞同他的看法,学者们认为生态学即探究人类和除人类以外的动物和植物在所处的生态环境中的相互影响和作用的关系和影响因素。20世纪30年代,英国生态学家阿瑟·乔治·斯坦利爵士第一次提出生态系统的这一说法,系统全面地探索生态环境,是人类认知生态环境的一大进步,从此之后生态系统被广泛地运用在各个领域,其中也包含教育方面。受生态学理念的影响,美国哥伦比亚大学教授克雷明在1976年第一次提出教育生态学这一说法,并且于1978年在庆祝斯德哥尔摩大学建校一百周年大会上,发表了《教育生态学中的变革:学校和其他教育者》的演讲,更加鲜明地阐述了其对教育生态学的看法。研究教育生态系统的目的即努力让教育活动主体与周围环境的内外部之间共同和稳步发展,它的关键在于让教育各个部分相互联系,把教育当作一种健全、复杂、统一的生态系统,认为教育系统中的各个部分都与其他部分相互影响和作用。

生态学认为无论身处在哪种生态环境中,个人会受到与他有关的生态要素的影响,个人和生态要素之间不是静止、孤立的,却是运动、联系的关系,具有总体相关性。教育生态系统此说法是把生态学的概念运用在教育中而产生的,在此环境中全体老师和学生是教育生态系统的主体,其教育生态环境的生态要素会对全体师生产生影响,老师、学生和教育环境形成了一个互相影响、互相作用的系统,一个好的教育环境会对个人产生积极的影响,同样一个坏的教育环境会对个人产生消极的影响,个人的认知和活动也可以影响到教育环境中的其他要素,从而影响到整个教育环境。

高等学校创新创业教育生态系统是由创新创业教育主体和创新创业教育生态环境两大部分组成。创新创业教育主体即为创新创业生态系统中的实施者和接受者,实施者是指高校开展创新创业教育中的负责部门、教学机构、研究部门和师资队伍,实施者的行为活动在创新创业教育生态环境中的具体载体为创新创业教育课程、活动、教学计划等;接受者是指参加创新创业教育培训的学生,他们从实施者提供的所有教学服务中选择自己所需要的不同形式的教育服务。创新创业生态环境不仅包含物质方面的环境,例如校园环境、基础设施、建筑风格、教学设施等,还包含精神方面的环境,例如学校文化、学术氛围、校训校风等。高校创新创业主体之间关系密切,创新创业教育中的实施者和接受者通过教学活动、教育管理制度等结合在一起,这种联系不仅包含实施者对接受者提供教育服务,还包含接受者对实施者的效果反馈。创新创业教育生态环境是通过和主体密切相关的敏感因子(美国学者里格斯第一次提出)来影响主体,该影响会导致实施者提供的教育服务的质量和数量发生相应的变化,也会造成接受者对实施者所提供的服务的效果评价的变化,创新创业教育主体可以利用实践的办法逐步健全其创新创业生态环境。

7.3.3 高校创新创业教育环境保障体系的构建

良好的创新创业教育环境会对老师和学生的意识形态产生积极的影响,相反不好的创新创业教育环境会对老师和学生的思想产生消极的影响,并且只要教师和学生身处在此环境中,该影响会不断发生作用,所以高校创新创业教育环境对创新创业教学的成效有着至关重要的作用。依据创新创业教育的特征,全方面理解创新创业教育环境的生态学概念,本书认为构建创新创业教育环境保障体系必须保障其体系的协调性。高等学校创新创业教育涉及很多方面和很多要素,是一个复杂且综合的系统。创新创业教育环境与其环境中的实施者和接受者之间存在相互影响和相互作用的关系,要保证高校创新创业教育的顺利开展,就需要保证整个教育环境的协调和稳定发展。构建高等学校创新创业教育环境保障体系,一旦过分强调物质方面环境的建设而忽视精神方面环境的建设,有可能会造成推动高校创新创业教育实施的内生动力不足,一旦过分强调精神方面环境的建设而忽略物质方面的建设,有可能会造成高校创新创业教育实施缺乏载体,因此要协调好物质方面和精神方面环境建设,注重合理配置资源,保证双方共同进步。根据协调性的要求,本书提出以相关政策为方向、以环境监测为方法、以资源配置为重点、以教学研究为基础,构建双向发展的创新创业教育环境保障体系,分别从物质方面和精神方面共同推动高等学校创新创业教育环境保障体系的建立,构建创新创业物质环境是为了保证创新创业教育的顺利实施,构建创新创业精神环境可以提升创新创业教育的成效。具体措施如下:

　　制定创新创业教育激励政策,提出卓有成效的激励策略,对创新创业教育体系中的管理人员、老师等人出台相应的鼓励政策。例如从职称评定、职位晋升、绩效奖金等方面提高其积极性,构建对创新创业教育体系中的管理人员、老师等人的鼓励政策可以从考评其对创新创业教育物质方面和精神方面环境的功劳入手;对创新创业教育体系中的学生通过记录学分、奖学金、荣誉奖励等方式调动学生的热情。通过鼓励创新创业教育生态系统中的实施者和接受者,加大和增强对创新创业教育服务的供给数量与质量以达到接受方的需求,坚持供需平衡的原则,创新创业教育生态环境供需双方共同努力使其向更好的方向发展。

　　加大对创新创业教育环境监管和检测,实时了解教育环境现状。创新创业教育并不是一项短期工作,而是一项贯穿整个培养过程的任务,针对此项工作高校必须构建物质方面和精神方面环境的监管和检测制度,组建一支专业的教育环境监测团队,利用实地访问、问卷调查、个别访谈等方式,多方面地了解物质和精神环境的现状,实时告知创新创业教育管理部门和研究部门,并针对不同的情况提出相应的解决办法,保证该教育环境能长期有效地促进教学活动的实施。创新创业教育环境的监管和监测工作不仅要包括物质方面环境还要包括精神方面的环境,物质方面的测评主要通过实地访问和调查的办法,精神方面环境的测评主要通过分析问卷调查数据和个别访谈的办法。

　　合理配置创新创业教育资源,合理设计环境建设投入,创新创业教育的资源分配要遵循合理、科学的原则,应该防止不科学、整体协调性不足的资源配置形式,要做好统筹规划,对创新创业物质方面和精神方面环境建设的投入做出合理的考评和估计,避免出现资源分配中的资源浪费和资源不足的现象,重视创新创业教育环境的稳定协调发展。对于具体的创新创业教育资源分配需要专门的管理机制,要构建配置资源的事先计划、事中调整、事后评价这三方面保障体系,事先计划主要是提前估算资源投入和具体配置情况,事中调整主要是指依据对物质和精神方面的资源投入的实际情况做出适当的调整,事后评价主要是利用相关数学统计方法剖析和评价创新创业教育物质和精神方面的投入资源和产出效果。

　　加强创新创业教育科研工作,事先预估教育环境风险,不同于其他的教育,创新创业教育是现代才兴起的一种教育类型,目前国内对创新创业教育

的探究还不足够。强化对创新创业教育的研究,更加深入认识到创新创业
教育环境中影响创新创业教育中的实施者和接受者的因素,剖析出这些因
素分别对创新创业教育实施者和接受者产生何种作用,从而可以事先了解
到创新创业教育环境中会对教学成果产生不利影响的因素,然后提出具体
的风险防范措施和解决对策,为营造良好的教育环境建立一个专业的智囊
库。加强创新创业教育科研工作主要利用课题招标与成效考评两种办法,
课题招标即为根据本校创新创业教育开展实际情况和发展方向等策划科研
课题,然后向所有有关创新创业的老师公开招标,积极为老师们提供创新创
业方面的科研资源;成效考评即是公平科学地考评从事创新创业教育的管
理工作人员和教学老师在构建良好的创新创业教育环境中所做的贡献和科
研成绩,鼓励管理人员和老师们注重构建创新创业教育体系。不管是公开
招标还是成效考评都一定要协调物质和精神两个方面。

7.3.4　高校创新创业教育环境保障体系的其他要素

为了保证创新创业教育成功实施和顺利开展,就需要构建一个能促进
社会发展和学生自身进步的科学、合理的保障体系。保障体系的构建不仅
能推动创新创业科研的发展,还可以为创新创业教育指明发展的方向和改
进的方法,保证其可持续性发展,并充分运用到社会上,将其付诸实践,促进
社会的发展。本书分别从政府、社会、企业和家庭这四个角度,以高校创新
创业教育的特征为基础,来阐述他们应该如何帮助构建良好的教育环境,完
善创新创业教育环境保障体系。

政府的政策支撑。政府是出台政策的部门,政府在高校创新创业教育
保障体系中起着引导、扶持和鼓励的作用,高等学校创新创业教育活动的实
施和学生的创新创业实践都需要政府的政策、资源、经费与社会服务部门的
支持。

第一,政策法规支持。政府有关机构在出台政策法规时,要多方位地了
解高校创新创业教育,不能仅从促进学生就业这一方面来理解此教育,应该
满足市场经济的需要,并为大学生提供有利于其创新创业发展的环境,出台
相关的鼓励支持政策。如果缺乏政府的政策法规支持,创新创业教育无法
真正贯彻执行。具体而言,首先需要进一步强化有关法律法规政策的制定,
为创新创业教育的顺利开展提供法律支持,相关机构可以精简大学生创新

创业批准手续从而提高其审批效率并出台相关的免减税收等优惠政策。安排有关机构负责创新创业培训指导、政策咨询、后续指导等服务工作。高等学校创新创业教育的成功开展离不开政府在政策法规上的大力支持。所以,健全创新创业政策法规支持体系必须要充分利用政府宏观调控的作用,为创新创业教育提供适宜其发展的政策环境。具体来说,首先,制定有关创新创业教育的政策,政策应具有针对性、具体性和实践性,不能泛泛其词。其次,整理已经出台的有关创新创业教育的政策并将其归为一类,公布在统一平台,确保政策的完整性和连续性。依据目前的创新创业现状,需要政府在已颁布政策的基础上进一步更新创新创业教育政策法规和具体内容,例如健全创新创业教育开展的目标和具体措施等,推动创新创业的发展。最后,构建创新创业教育政策的监督体系。一方面,通过多媒体等媒介向人们宣传创新创业教育政策。充分发挥网络、电视、广播、报纸等媒体来公布和推广最新的创新创业教育政策,利用多种媒体可以扩大其宣传范围,另外还聘请专家学者为大家具体讲解和深入剖析创新创业教育有关政策的内涵,使相关受益者可以迅速、精准、全方位地掌握到政策内容。另一方面,高等学校、政府、企业之间要构建协调运行体系,明确政策的领导机构,领导机构主要负责各机构之间的联系工作和协调他们之间的关系,实时监督创新创业教育政策的开展现状并按时反馈信息,有利于不断健全创新创业教育政策。

第二,经费支持。剖析限制大学生创新创业的因素,可以看出启动经费和后续经费的不足是限制创新创业教育活动顺利发展的最重要的原因。经费是实施创新创业教育实践的关键因素,所以,政府要加强创新创业教育的经费投入,创建更多的创业基金,以此来帮助大学生创新创业。政府率先投入资金,为大学生提供贷款金额,加大对大学生创新创业小额贷款资金的扶持力度,扩展贷款的影响人数范围,鼓励大学生创新创业,为他们解决资金的后顾之忧。另外还要加强对高新技术产业的支持力度,要对其给予特殊的和优先的扶持。

第三,免费培训指导。政府要加强对大学生创新创业能力的培训,组织相关机构责任培训工作,提供学习场所、能力培训、政策及技术咨询等免费服务。邀请国内外成功企业家、高校经验丰富的教授、政府相关部门经验丰富的职员等担任大学生创新创业指导老师,利用教学、咨询、答疑、案例分析等方法向他们传授相关的创新创业知识和技能,旨在扩展他们的创新创业的理论知识和提高他们的创新创业实践能力。

第四,建立创业教育中介组织。政府应大力支持多种模式的非营利机构,加强对大学生灌输创新创业教育的理论知识和进行实践引导,营造良好的创业环境,鼓励大学生创新创业。例如规划专门的创新创业实践基地,由政府有关机构和相关教育科研机构组建权威的创新创业教育科研机构,大范围地展开创新创业教育研究,构建我国创新创业教育基础理论机制,在全国各高等学校开展创新创业教学活动。动员社会力量构建独立的创新创业民办教育机构或与高等院校合作实施创新创业教育。大力支持大学生教育中介组织,建设大学生创新创业实践场所和基地,使其成为大学生在创新创业过程中和寻找有关企业支持、经费赞助和政策法规咨询的沟通纽带。构建纽带同时,评估大学生创业所需要的资金,帮助其申请政府小额贷款,负责大学生创业贷款担保减轻政府的代价,并为高校的创新创业教育给予一定的帮助,分担教学压力,有效监督教育的实施状况,又能公平的考评创新创业教育的开展情况。

总的而言,构建新时代的国家创新机制是很关键的,能影响到高校创新创业教育能否成功开展。国家创新体制注重创新要素之间的互相影响和互相作用,更加注重创新体制内新理论的有效转移。构建和健全我国国家创新体制,强化高校与公司的合作关系,注重创业实践培养,充分利用高校的主体地位,更有利于帮助高等学校培养出理论知识丰富和具有实践能力的学生。高等学校是开展创新创业教育的主导者,学校应该深入贯彻政府出台的相关政策法规,依据本校的实际状况提出适合本校发展的措施,保障政策在学校扎根,发挥其保证创新创业教育水平的作用。高校应该从以下两点入手。第一,联系政府出台的相关政策法规,制定详细的执行内容。例如健全创新创业教育和专业知识教育密切联系的政策内容,保证将创新创业教育观念混合进专业知识教学中,培养大学生的创造性思维能力;实行鼓励政策,将大学生主动参与相关创新创业活动换算成具体学分,努力提高大学生创新创业的积极性;制定确保创新创业教育成功实施的经费支持政策,在学校设定创新创业专项奖金,奖励成果突出的老师和学生,而且扶持他们实施创新创业教育理论科研和具体实践。第二,高等学校要随时反馈开展创新创业教育过程中面临的难点,并将其告知政府机构,有利于帮助他们不断修改和健全创新创业政策法规,营造良好的创新创业教育环境,帮助大学生能更好地创业。

社会的舆论支持。营造一个良好的社会环境才能保证创新创业教育的顺利开展。我国历史悠久的传统文化对培育创新创业人才起着至关重要的影响。在继承和弘扬优秀传统文化的时候,要取其精华去其糟粕,营造一个积极主动、激励人们创新创业的社会氛围。并且运用一定的舆论手段指引全体社会树立人才评估指标,强调创新创业社会风气的重要性。利用政策法规的出台鼓励大学生的创新创业积极性和保护创新成果,出台创新创业鼓励政策和人才培育政策等,全方面促进良好的创新创业风气的形成。当前只有高等学校和教育部门比较了解创新创业教育,社会人士对创新创业教育的了解还不够,此类教育尚未在全社会引起强烈反应,影响范围还很狭窄,只有高等学校的努力,明显独木难支。再加上目前创新创业教育的发展呈现出不平衡的趋势,某些地区发展较好,而某些地区还没有推行创新创业教育。所以,要向全社会推广创新创业教育,就必须要构建一个以政府为核心,高校为主体,社会各界宣传和推广的创新创业教育新局面。可以利用网络、电视、报纸等宣传媒介,充分调动大家的创新创业积极性,让创新创业成为全社会的广泛共识,让创新创业教育成为社会的义务、高校的职责、家庭和个体的自发行为,构建一个利于创新创业教育发展的环境和气氛,促进创新创业教育的实施。在社会方面,充分利用好全体社会的关键力量,收集优秀的社会资源,营造一个利于创新创业教育发展的社会环境。此项工作的顺利开展也离不开中介组织、企业的共同参与,在政府贯彻执行相关政策时帮助其完成具体事务,例如政策指导、咨询等工作。

企业的合作支持。创新创业教育不单单指学校提供就业服务,其目标不仅只是提高大学生自主创业的积极性,提高学生创新创业的能力,企业在创新创业教育过程中也起着举足轻重的作用。高校创新创业教育包含理论知识培训和创业实践指导,实践指导是必不可少的步骤,这一步骤离不开企业的支持。企业可以为大学生创新创业教育的实施提供方法指导、实践场地、经费资助、项目等支持。如今大部分高等学校在创新创业教育的过程中都联合了企业的实践帮助,但是很多都是经费支持,更多利用的是企业的宣传作用,而缺乏对大学生的真正实践指导、项目支持。假设企业不仅提供经费支持,还提供实践场地并对大学生进行项目指导,全面支持创新创业教育,这样会促进创新创业教育的开展,也有利于企业自身的长久发展,互利互赢。所以,高等学校应该和企业保持长久稳固的合作联系,企业可以安排一些经验丰富的职员担任高校的兼职教师,为开展创新创业教育提供更多的机会,大学生可以在企业里实际操作一些创新项目,学习到创新创业实践经验。另外,企业可以发挥其宣传作用,运用其社会影响力,来改变社会和家庭对大学生创新创业的不看好态度,帮助大家重新认识创新创业教育,肯定其带来的积极作用,进而为创新创业教育的实施创造良好的气氛。

家庭的支持。在我国,家庭对大学生成长起着重要的作用,深刻影响着他们的世界观、价值观和人生观,是大学生的经济和精神支柱。学生的创新创业活动不仅需要具备理论知识、创新思维、实践能力等,还离不开家庭的积极支持。大学生的就业观、创新创业素质、个人性格会受家庭背景的影响。父母对创新创业的态度会深刻影响到孩子的就业态度,假如家庭看好创新创业,并给予其鼓励,学生的创新创业积极性就会很高,相反学生的信心会不足甚至放弃创业想法,如果遇到困难就会退缩。所以,高校要努力做好家庭沟通工作,让家庭积极配合学校的创新创业教育活动,充分利用家庭教育的功能。当前限制家长赞成孩子创新创业的原因主要有:第一传统观念,还是希望孩子找个稳定的工作更踏实,认为出来创业的孩子会被别人误认为孩子成绩不好;第二资金限制,创新创业需要很多资金投入,对于普通家庭来说,压力较大。考虑到家长的这些观念,高校要组织有关部门安排具体老师与学生家长进行沟通,向他们解释政府相关创新创业政策和宣传创新创业的好处,使家长改变其传统保守思想、传统的就业观等,意识到大学生既是应聘者又是就业岗位的创造者,慢慢认可并积极配合学校的创新创业教育,尽力创造一个与时俱进的家庭氛围,帮助高校共同培养出大学生勇敢、不怕困难、勇于进取的性格特征,全力支持孩子做自己想做的事情,让他们自由选择未来的发展方向。此外政府和学校要多和学生家长交流联系,开展家长培训会,特别是对于那些就业观念十分封建和落后的农民家庭,可以向他们传授有用的教育方式,使高校创新创业教育和家庭教育紧密结合,还可以帮助大学生和其家长办理创业小额贷款,尽力得到大学生家长的认可和支持,来促进创新创业教育的顺利实施。

综上所述,应该构建以政府为指导,高校为主体,社会积极参加,企业合作支持,家庭全力支持的创新创业教育保障体系,利用网络、电视、报纸等媒介广为宣传,社会各方力量的努力,促进创新创业教育新的发展,把我国创新创业教育提高到一个新的水平,进一步健全和完善社会主义市场经济。

参考文献

[1] 约瑟夫·熊彼特.经济发展理论[M].北京:商务印书馆,2017.

[2] 童晓玲.研究型大学创新创业教育体系研究[D].武汉:武汉理工大学,2012.

[3] 陈劲,陈钱芬.开放创新体系与企业技术创新资源配置[J].科研管理,2006(03):1-8.

[4] 杨艳萍.创业教育课程化的框架设计[J].长沙铁道学院学报,2004(9).

[5] 顾佳峰.基于交易成本的高校产学合作创新管理机制研究研究与发展管理[J].研究与发展管理,2008(20):106-111.

[6] 郭朝阵,李永周.产学合作中的知识转移机理与绩效评价研究[J].技术经济与管理研究,2013(6):39-43.

[7] 曹扬.转变经济发展方式背景下高校创新创业教育问题研究[D].长春:东北师范大学,2014.

[8] 佟簪.我国高校大学生创新创业教育现状分析及对策研究[D].北京:中国地质大学,2009.

[9] 樊鹏.高等院校本科生创业教育研究[D].武汉:华中农业大学,2014.

[10] 齐文勃.我国高校创业教育现状分析及对策研究[D].大连:大连理工大学,2008.

[11] 雷家骕.国内外创新创业教育发展分析[J].中国青年科技,2007(152).

[12] 张彦.高校创新创业教育的观念辨析与战略思考[J].中国高等教育,2010(12):48.

[13] 杨爱杰.大学生创业教育的实现途径探讨[J].科技创业月刊,2006

(1):87.

[14] 林文伟.大学创业教育价值研究[D].上海:华东师范大学,2011.

[15] 张德江.对创业教育的认识——与实践[J].中国高教研究,2006(5).

[16] 曹胜利.中国大学创新创业教育发展报告[M].沈阳:万卷出版公司,2009.

[17] 双齐.创业教育仍需加强一访清华大学中国创业研究中心副主任高建[J].中国大学生就业,2004,7(14).

[18] 赵淑梅.斯坦福大学的创业教育及其启示[J].现代教育科学,2004(6).

[19] 曹巍,宋冰,王晓琳.国内外高校创业教育状况述评[J].煤炭高等教育,2004,22(4).

[20] 陈浩凯,徐平磊.印度和美国的创业教育模式对比与中国的创业教育对策[J].中国高教研究,2006(9).

[21] 罗美萍.我国高校大学生创业教育的现状及对策[J].浙江工商大学学报,2006(2).

[22] 陈维嘉.高等教育体制创新与政府行为的调整[J].教育研究,2003(2):1.

[23] 申素平.谈政府与高校的法律监督和行政指导关系[J].中国高等教育,2003(8):1.

[24] 江泽民.在全国科技大会上的讲话.1995.

[25] 胡锦涛.在中国科学院士大会和中国工程院院士大会上的讲话.2006.

[26] 熊彼得.经济发展理论[M].北京:商务印书馆,1990.

[27] 曹胜利.建设创新型国家与创新创业人才培养——关于"第三张教育通行证"几个认识问题的探讨[J].中国高教研究,2008(05).

[28] 彭琴.21世纪美国高校创业教育发展研究[D].上海:华东师范大学,2016.

[29] 应一也.美国高校创业教育研究[D].上海:华东师范大学,2008.

[30] 唐加军.中美大学生创业教育比较研究[D].成都:四川师范大学,2011.

[31] 郭敬.美国高等学校创业教育研究[D].重庆:西南大学,2011.

[32] 张玉利,李政创.新时代的创业教育研究与实践[M].北京:现代教育出版社,2006.

[33] 陈周见.大学创新教育评价研究[D].长沙:中南大学,2003.

[34] 席升阳.我国大学创业教育的理论与实践研究[D].武汉：华中科技大学，2007.

[35] 武学超.美国联邦政府提升大学技术转移能力政策的价值分析[J].外国教育研究，2012(11).

[36] 黄兆信，赵国靖.中美高校创业教育课程体系比较研究[J].中国高教研究，2015(01).

[37] 丁惠，陈凤华，肖云龙.美国百森商学院创业教育的特点[J].教育评论，2004(04).

[38] 季学军.美国高校创业教育的动因及特点分析[J].外国教育研究，2007(3).

[39] 木志荣.我国大学生创业教育模式探讨[J].高等教育研究，2006(11).

[40] 张帆，张炜.美国大学创业教育发展及对中国的启示[J].中国人才，2003(8).

[41] 赵川平.国内外大学创新教育的实践研究[J].高等农业教育，2000(07).

[42] 张帏，高建.斯坦福大学创业教育体系和特点的研究[J].科学学与科学技术管理，2006(09).

[43] 雷家骕.国内外创新创业教育发展分析[J].中国青年科技，2007(02).

[44] 张立昌.创新，教育创新，创新教育[J].华东师范大学学报，1997(02).

[45] 李明超.应用型高校学生创新创业能力提升及其对策探索——基于高校治理体系和治理能力现代化的视阈[J].当代教育实践与教学研究，2017(05)：83-84.

[46] 周颜玲."第一课堂＋第二课堂＋基地实践"创新创业教育体系构建探析[J].中国大学生就业，2017(06)：60-64.

[47] 杨文燮.高校制度创业教育模式及运行机制研究[D].南京：东南大学，2016.

[48] 李飞.创业导向的产学协同创新机理研究[D].杭州：浙江大学，2014.

[49] 张兰.校企协同创新创业人才培养体系的研究[D].哈尔滨：哈尔滨理工大学，2014.

[50] 董晓红.高校创业教育管理模式与质量评价研究[D].天津：天津大学，2009.

[51] 洪文，肖心莲，谷军.区域经济背景下地方高校创新创业教育的思考[J].

湖北师范大学学报(哲学社会科学版),2017,37(06):145-148.

[52] 朱丽娜.基于协同创新模式的大学生创业平台及机制研究[J].黑龙江教育学院学报,2017,36(11):16-18.

[53] 张治国.高校创新创业教育网络化协同创新机制研究[J].未来与发展,2017,41(11):74-78.

[54] 李慧敏,王明明.大学生创业教育与铸造企业协同机制研究[J].经济师,2017(11):233-234.

[55] 张蕾,王凤芹."政、校、生、企"多维协同的创新创业教育模式研究[J].中国职业技教育,2017(28):82-86.

[56] 欧阳缮,文益民,海莺.创新创业教育中的校企协同模型与机制[J].高教论坛,2017(08):5-8.

[57] 田善武.协同创新视角下创业型人才培养机制研究[D].青岛:青岛大学,2017.

[58] 田亚杰.创新驱动背景下中美高校创业教育课程体系比较研究[D].西安:西北大学,2017.

[59] 谭正航,尹珊珊.论地方高校研究生创新创业能力校企协同培养机制的构建[J].南昌师范学院学报,2017,38(02):71-74.

[60] 姬广凯.大学生"创新创业教育"内涵建设实践与深化[J].实验室研究与探索,2016,35(08):200-202、206.

[61] 杨文燮.高校制度创业教育模式及运行机制研究[D].南京:东南大学,2016.

[62] 董莉,刘耀辉.河北省高校创业教育协同发展模式研究[J].河北师范大学学报(教育科学版),2016,18(02):111-115.

[63] 陈昊.构建三位一体的创业实践教育体系的研究[D].武汉:武汉纺织大学,2016.

[64] 蔺子雨.高校创业教育实施影响因素的协同机制研究[J].统计与管理,2016(02):176-177.

[65] 胡忠英.大学生创新创业教育的协同机制研究[J].重庆科技学院学报(社会科学版),2016(01):48-50+57.

[66] 王伟忠.大学生创业指导服务的三维联动与要素协同[J].教育发展研究,2015,35(23):60-66.

[67] 乔玉香,安立龙,林年冬.地方涉海高校创新创业教育实施路径探索与实践[J].高等农业教育,2015(01):28-31.

[68] 刘海运,赵海深.产学研合作教育的工商管理应用型专业人才培养研究[J].中国电力教育,2013(34):35-36.
董晓红.高校创业教育管理模式与质量评价研究[D].天津:天津大学,2009.

[69] 姚建东.高校创业教育师资队伍建设的研究和实践[J].高教高职研究,2007(9).

[70] 徐建,李莉.地方高校创新创业教育协同创新政策保障机制研究[J].当代教育实践与教学研究,2017(01):55.

[71] 朱增宝,邓海顺,陈清华,陈加胜.基于创新创业教育改革的高校师资队伍建设[J].科教文汇(下旬刊),2017(11):1-2.

[72] 徐文婷.高校创业教育质量保障机制研究[D].重庆:西南大学,2016.

[73] 杨文燮.高校制度创业教育模式及运行机制研究[D].南京:东南大学,2016.

[74] 许蔚萍.我国高校创新创业教育研究:文献分析的视角[J].阅江学刊,2016(05).

[75] 刘玉威,闫健,武海滨.基于协同创新的高校创新创业教育机制及其构建[J].创新与创业教育,2016(03).

[76] Etzkowitz.The evolution of the entrepreneurial university[J].Journal oftechnology and globalization.2004(01):78-89.

[77] Leydesdorff. The university-industry knowledge relationship: Analyzing patent and the science base of technologies [J]. Journal of the American Society for Information Science and Technology,2004(11):991-1001.

索　引